青春期少女和更年期妈妈的冲突,
是很多现代家庭最苦恼的事。

新一代知心姐姐刷刷作品

专门写给
10-14岁
女孩的成长指南

让爸妈开心
看我的
女孩的家庭关系宝典

刷刷 著

图书在版编目（CIP）数据

让爸妈开心看我的：女孩的家庭关系宝典 / 刷刷著. —长沙：湖南少年儿童出版社，2016.6
（女孩成长行为指南）
ISBN 978-7-5562-2153-0

Ⅰ. ①让… Ⅱ. ①刷… Ⅲ. ①女性—家庭关系—青少年读物 Ⅳ. ① C913.11-49

中国版本图书馆 CIP 数据核字 (2016) 第 055905 号

Rang Ba Ma Kaixin Kan Wo De　Nühai De Jiating Guanxi Baodian
让爸妈开心看我的　女孩的家庭关系宝典

总 策 划：吴双英
作　　者：刷　刷
责任编辑：聂　欣　康沁芯
质量总监：郑　瑾
封面设计：A-Z 工作室
视觉设计：百愚文化
特约编校：百愚文化
出 版 人：胡　坚
出版发行：湖南少年儿童出版社
地　　址：湖南省长沙市晚报大道89号　　邮　编：410016
电　　话：0731-82196340　82196334（销售部）　82196313（总编室）
传　　真：0731-82199308（销售部）　　82196330（综合管理部）
经　　销：新华书店
常年法律顾问：北京市长安律师事务所长沙分所　张晓军律师
印　　制：长沙超峰印刷有限公司
开　　本：710×960　1/16
印　　张：8
字　　数：120 千字
版　　次：2016 年 6 月第 1 版
印　　次：2016 年 6 月第 1 次印刷
定　　价：22.00 元

版权所有　侵权必究

服务电话：0731-82196362
质量服务承诺：若发现缺页、错页、倒装等印装质量问题，可直接向本社调换。

序

尊重儿童的成长需求是成年人的责任

孙宏艳

和以往任何一代相比,这一代少年儿童的成长恐怕都更富有挑战性,他们生活在新媒体时代,面对多元的文化和价值观、生活方式,他们学习压力大,缺少朋友,生活环境中充满诱惑,甚至更容易被伤害。

保护少年儿童快乐成长是成人社会的责任,国家的发展与进步需要健康快乐的下一代。在这方面成年人可以达成共识,但往往陷入自说自话的尴尬。大人说的话孩子听不懂,大人做的事孩子不领情。产生这种状况,是因为我们很少站在孩子的角度看问题、想问题,没有真正成为儿童的大朋友。

保护儿童快乐成长,要特别尊重儿童的特点和需求,维护儿童的权利,要站在儿童的立场,思考儿童的问题。正如习近平主席所说,"每个人都是从孩子长大的",因此我们要用孩子的视角看待儿童的生活,了解孩子们的烦恼,满足孩子们的需求。习主席在六一儿童节"以大朋友的名义"向全国五十六个民族的小朋友祝贺节日，以身作则为成人世界提供了与儿童相处的范例，就是成年人要与孩子平等，要成为大朋友。唯有这样，我们才能真正了解儿童的需求，才能与儿童有共同的语言和共同的欢乐，才能更好地帮助儿童健康成长。

  刷刷姐姐可谓小朋友的心灵密友，她长期和少年儿童接触，经常到孩子中间去，对少年儿童的烦恼了解得细致入微。好朋友离开我怎么办？脚臭怎么办？被同学敲诈怎么办？想要名牌怎么办？遇到性骚扰怎么办？个子矮怎么办？爱吹牛怎么办？总想把同学的东西弄到手怎么办？……这些烦恼就是女生的"闺房密语"，刷刷姐姐仿佛一个大朋友，写给小朋友的每一个故事都那么恳切，那么有操作性，孩子们读了这些故事，就能找到对付烦恼的办法。

  每次读刷刷姐姐写给小朋友的故事，都让我惊叹她如此了解小朋友的心思！现在我知道，刷刷姐姐是蹲下来和孩子做朋友的，满足儿童的成长需求、解除儿童的成长烦恼就是刷刷姐姐的梦想！

第1节 总是发火的妈妈   002
对更年期的妈妈，千万不要吝啬你的赞美哦。"女儿是妈妈的贴心小棉袄"，这个时期，妈妈很需要来自女儿的温暖。

第2节 偷看日记的"贼"   012
爸爸妈妈不但应该允许我们有秘密，而且要鼓励我们保护好这些秘密。

第3节 分享你的故事   022
任何家庭的快乐和幸福从来都不是从天而降的，而是一家人努力的结果。如果你想把自己的幸福放大，你就必须主动迈出第一步，把你的事和父母一起分享！

第4节 我想要自由   032
要想从家庭的"束缚"中获得自由，女孩有一条路可走，那就是用自己的行动证明可以管好自己。

第5节 爸爸的"画饼"教育   042
父母应该讲诚信，说到做到，否则，与孩子沟通就会很困难，甚至导致孩子不再相信父母。

第6节　爱做家务的女生　　　　　　　　　　　053

你一定幻想过，如果自己不用做家务那该多好。生活中，很多女生都会"谈家务色变"呢。

第7节　和"讨厌"的表哥过假期　　　　　　　063

现在虽然只有很少的孩子拥有亲的兄弟姐妹，但是，大多数人都会有表兄弟姐妹或者堂兄弟姐妹，与他们之间的感情，也是一种手足情。

第8节　"伤不起"的吵架　　　　　　　　　　073

一棵小树在成长的过程中，肯定有枝杈需要修剪，而父母就是修剪枝杈的园丁。如果你一味地拒绝"修剪"，那么你能保证所做的、所想的都是正确的吗？

第9节　爷爷和外婆的战争　　　　　　　　　　083

不要企图通过老人给爸爸妈妈施压，得到你想要的东西，达到你的目的，这样做，只会加剧老人和爸爸妈妈之间的矛盾。

第10节　老爸的女同事　　　　　　　　　　　093

爸爸妈妈都是成年人，要相信他们有能力解决自己的问题。女生要做的是管好自己，搞好学习，健康成长……

第11节　爱心"小间谍"　　　　　　　　　　　103

我们都有变老的一天，因此，我们要用心去体会老人们的感受，用心去关爱他们。

第12节　我有两个幸福的家　　　　　　　　　112

很多女生都会因父母离异而有罪恶感，觉得父母离异和自己有关。

让爸妈开心看我的

第1节 总是发火的妈妈

最近天太热了,睡觉前歆歆吃了好多西瓜,睡到半夜,被尿憋醒了。

歆歆摸索着去上厕所,连灯也懒得开,上完厕所,她就眼睛半睁半闭地往自己卧室走。

突然,歆歆看到一个黑影,在阳台上站着。

"呀——,你是谁?"歆歆吓得全身哆嗦,大喊了起来。

歆歆这一喊,阳台上的黑影也被吓坏了,随即,歆歆听到一个熟悉的声音:"喊什么喊啊,会吓死人的!"

黑影挪动了几步,打开了客厅的灯。

歆歆先用手遮了下灯光,等眼睛适应了,才发现面前站着的竟然是妈妈。

"妈,怎么会是你呢?大半夜的,你不睡觉,跑到阳台上干啥?"歆歆说着抬头看了下墙上的钟表,已经是凌晨一点半了。

"我睡不着,索性爬起来,在这儿透透气。"妈妈疲倦地说。

"睡不着?是天太热了吗?"歆歆问。

"也许是吧,最近一直失眠,总觉得全身发热,盗汗。"

"哦,您早点休息吧,我先去睡了。"歆歆也没什么好办法,只好先去睡了。

妈妈最近真的有点奇怪呢,晚上睡不着,还特别爱唠叨。

你瞧,歆歆进门刚放下书包,妈妈就开始唠叨了。

"最近在学校表现得怎么样,有没有被老师批评?"

女孩的家庭关系宝典

歆歆心想,哪有这样的妈妈,盼着自己的女儿被老师批评,她懒洋洋地回答道:"没有。"

很显然,妈妈并不想就此打住,她接着说道:"你现在长大了,学习的事要自己操心,不要整天就知道玩,以后少和那些不好好学习的孩子在一起,多向好学生学习……"

说了半天,妈妈忽然发现歆歆却全不在意,她一直在看电视。

妈妈对歆歆说:"我说的话你到底听到没有啊?"

"嗯,听到了!"歆歆一直盯着电视,连看都没看妈妈一眼。

"啪",突然,妈妈冲到电视机前面,关掉了电视,然后怒气冲冲地吼道:"一天到晚就知道看电视,跟你说的话全当耳旁风呢,什么态度啊,你!我怎么会生出你这么个白眼狼呢……"

妈妈的话越说越难听,歆歆直接傻了。

在厨房做饭的爸爸听到动静,赶紧过来劝,又让歆歆给妈妈道歉。

歆歆道过歉,妈妈才平静了一些,开始坐在沙发上一边喘气,一边叹息。

看来,这个地方可是危险地带啊,要是再待下去,说不定妈妈还会发火呢。于是,歆歆对爸爸说:"爸,我帮您做饭吧!"然后就跟着爸爸进了厨房。

"爸,我妈最近是不是吃枪药了,动不动就发火?"

爸爸瞪了歆歆一眼,说:"住嘴,哪有这样说自己妈妈的!"

"可是,她真的有点奇怪啊,您也看

到了，我刚才可没惹她呀！"歆歆委屈地说。

"好了，我知道。"爸爸一边切菜一边说，"歆歆，我们一直以来都很娇惯你，现在我们年龄大了，加上你妈妈到了更年期，所以才会有些喜怒无常。其实，最难受的是她自己呢，晚上失眠，白天没精神，压力很大。这时候，我们俩一定要好好帮她，要多理解她、关心她，不要和她对着干，知道了吗？"

"嗯。"歆歆似懂非懂地点点头。

吃完饭，歆歆记着爸爸刚才说的话，就主动收拾完桌子，还特意为妈妈倒了一杯水。

妈妈端起杯子喝了几口，刚要放下杯子，看到桌子上有水，就对歆歆说："瞧你擦的桌子，水都没擦干呢，赶紧再擦擦！"

歆歆赶紧取来抹布，重新擦了起来。

"哎呀，你怎么连抹布都没投，就直接拿来擦了！"尽管歆歆已经够小心的了，但还是没逃过妈妈的唠叨。

"没事，抹布干净着呢。" 歆歆有些不耐烦了。

"你这孩子，怎么这么不听话，快去投投再擦。"妈妈命令道。

歆歆实在有些受不了了，说："妈，您这是成心折腾人吧！"

妈妈一愣，脸上立马就"晴转多云"了。

"让你投投抹布，你都推三阻四的，真要到我老了，还能指望你什么！"妈妈说着，眼眶竟然红了。接着，泪珠不断地滑落下来，妈妈开始呜呜地哭泣……

歆歆可从来没见过这阵势，在她眼里，妈妈一直都是一个坚强的人，她从来都没见过妈妈哭的！

坚强的妈妈竟然哭了起来，歆歆顿时手足无措了，不知道怎么去安慰妈妈。

最终，还是爸爸出来圆场。

"歆歆已经表现得非常不错了，是个乖孩子，你就别担心了。在孩子面前哭什么呀，来，擦一下。"

爸爸一边递过纸巾，一边给歆歆使眼色："过来，帮妈妈按摩一下，妈妈今天上班累了。"

歆歆会意地跑到妈妈身后，在妈妈的肩膀上按摩起来。

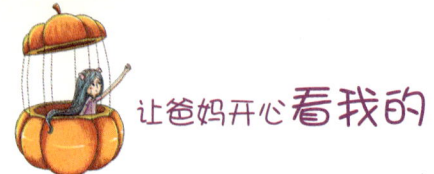

让爸妈开心 看我的

似懂非懂
破涕为笑
欢乐

歆歆一边按摩,一边把头靠在妈妈的后脑勺上说:"妈,您放心,我一定会好好伺候您老人家的,噢——乖啦。"

听歆歆对自己撒娇,妈妈才破涕为笑,说:"哼,谁知道呢,长大后嫁出去,就不理我啦。"

"妈,你说的什么话呀,我不理你了!"歆歆假装生气地说。

"我呀,真希望你一辈子在家伺候妈妈!"妈妈说着,竟然有了笑声,这个家又恢复了往日的幸福和欢乐!

女孩的**家庭关系**宝典

土豆哥哥的话

更年期的秘密

更年期这个词，很多女生都听过，但是，你们知道它具体指什么吗？

还记得你们的月经初潮吗？那是月经这个女人的好朋友第一次来到你们的身边，那个时候，你们紧张、担心，身体也有各种不适，情绪很不稳定呢！更年期则意味着陪伴了女人几十年的好朋友月经要离开啦，人的身体和心理同样会受影响。你们的妈妈很多即将或已经步入更年期，你们有没有发现她们有了一些变化？

虽然多数妈妈能平稳地度过更年期，但也有少数妈妈，由于更年期生理上与心理上变化较大，被一系列问题困扰，甚至影响身心健康哦。

更年期妈妈们的困扰主要有哪些呢？

一是潮热。这是更年期妈妈们常有的症状，会突然感到胸部、颈部、面部发热。

二是心悸。也就是心慌，是更年期常见的症状之一，同时伴有胸闷、气短、眩晕。

三是精神、神经症状表现异常。往往会忧虑、抑郁、易激动、失眠、易哭、记忆力减退、思想不集中等，有时喜

让爸妈开心 看我的

怒无常。

四是腰酸背痛，出现类似骨质疏松的早期症状。

如果你们爱自己的妈妈，就得帮助她们轻松度过更年期哦！

刷刷姐姐的话
与更年期妈妈相处的秘诀

有个女生学习成绩不好，她的妈妈一回家就对她唠叨个没完，看什么都不顺眼。在女儿的学习这件事情上显得尤为烦躁，一有机会就教训女儿：谁家的孩子怎么样，上学不能迟到……总认为女儿辜负了她的苦心。

有一次，爸爸在外面工作，没想到居然接到了警察的电话，说他的妻子和女儿打起来了，让他赶紧回来。原来，当妈妈再次唠叨的时候，女生终于忍受不住了，和妈妈扭打起来，邻居听到后报了警。面对这个场面，在场的人都哭笑不得。

平时就爱唠叨两句的妈妈，在更年期尤其容易与女儿发生争吵。那么如何避免与妈妈争吵呢？或者说如何与更年期的妈妈和谐相处呢？这确实需要一定的耐心。

首先，当妈妈唠叨的时候，做女儿的可以发挥自己撒娇的特长。你可以用撒娇的语气对妈妈说："妈，我有正事要做，你先别打扰我啊！"通常妈妈听到后都会乖乖地安静下来。

其次，如果对妈妈的唠叨表现出反感，不小心引起妈妈伤心、失落，一定要赶紧想办法安慰妈妈。比如给妈妈端茶、说贴心话；为妈妈按摩也是很好的办法，尤其是按摩脚。按摩脚有助于缓解疲劳，让身心放松，另外，按摩脚更能体现女儿对妈妈的爱。有的女生会想：脚有味道，不干净。其实，人到了更年期，身体机能渐渐衰退，皮肤会发干，伴随而来的是脚上脱皮，异味消退。再说了，想想妈妈含辛茹苦把自己养大，女生哪里会有嫌恶的理由呢？

最后，女生一定要记住：更年期的妈妈更需要关爱。这个阶段她们常常会感觉到孤独，心里常会想：女儿长大了，一定会离开自己的。所以，作为女儿，要时时关心、呵护妈妈，多拿出点时间陪伴她们哦。

总之，充分沟通和互相理解是最重要的。作为女儿，应当多理解和体谅妈妈，妈妈辛辛苦苦养育你，有时候脾气大一点，忍让一下，等妈妈气头过去了，再委婉地向妈妈解释。

让爸妈开心看我的

女生攻略

如何帮妈妈度过更年期

更年期的妈妈面临很多身心问题，作为女儿，应该如何帮助妈妈度过更年期呢？

妙招一：支持

更年期的妈妈经常会很焦虑，往往对自己解决问题、适应环境的能力持怀疑态度，夸大自己的失败。所以，自信是度过更年期的前提。

妈妈焦虑，其实是盼望得到家人的支持，有着很强的依赖性哦。帮妈妈建立自信，是战胜更年期焦虑的好办法。"妈，你说得对！""老妈真棒！"要多对妈妈说这样的话。在日常生活中，一定要多支持妈妈，不要让她产生挫败感哦！

妙招二："糖衣炮弹"

对更年期的妈妈，千万不要吝啬你的赞美哦。"女儿是妈妈的贴心小棉袄"，这个时期，妈妈很需要来自女儿的温暖。

女孩的家庭关系宝典

妙招三：顺从

更年期的妈妈最担心的，就是女儿长大了会不理自己，所以，你要表现出离开妈妈的保护就没法生活的样子，多给妈妈创造保护你的机会。记住，一定要顺从，不要当场反对，可以等妈妈心情好一些的时候再沟通。

妙招四：转移注意力

和妈妈一起制订一个有意义的活动计划，并全力以赴地去执行。当沉浸在活动中时，妈妈一般会放下令自己烦恼的事情。

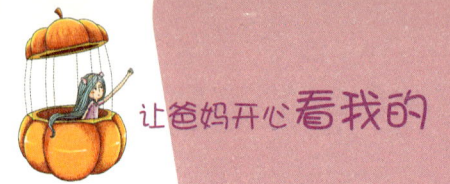

让爸妈开心看我的

第2节 偷看日记的"贼"

虽然已经进入网络时代,很多人都喜欢把自己的事情写到空间里,但是,也有人对虚拟的空间不放心,万一密码被盗了,写下的东西可就全不见啦,所以,他们还是喜欢手写日记。

珠珠就是坚持手写日记"大军"中的一员。

把自己的小秘密写进心爱的、漂亮的小本子里,是一种莫大的幸福。

不过,珠珠有个烦恼:要藏好那些日记本,总是件很麻烦的事。到底藏哪儿才不会被爸爸妈妈看到呢?藏在地球上总不能避免被偷看的,如果可以,她真想把它们藏到火星上去呢。

这可不夸张,前段时间,珠珠就遭遇过一次危机。

那天中午回家,珠珠一进门就发现家里乱成了一团,客厅中间码着一大摞纸箱子,各种袋子满地都是。

"妈,这是要干吗?"珠珠惊奇地问。

"宝贝,你忘啦,我们要搬新家啦,妈妈先把东西打包,一会儿车子就到了。"妈妈激动地说。

"搬家呀,太好了,终于可以住新房了!"珠珠高兴地跳起来,"可是,为什么到中午了才搬啊?"

妈妈一皱眉头,说:"本来说好上午来车的,结果搬家公司说车堵在路上了,这不,一直拖到这个点呢。"

珠珠放下书包帮着妈妈整理起来。

突然,珠珠发现自己的书桌抽屉敞开着,头上不由得直冒冷汗,要知道,那里面装着她从上小学以来的六本日记本呢!

"妈,我的抽屉怎么打开了,里面的东西呢?"珠珠紧张地问。

"那不——"妈妈指了指书桌旁边的一个纸箱说,"你的东西全在里面呢,我收拾的时候发现你的抽屉锁上了,到处都找不到钥匙,就只好撬开啦。"

"原来是您撬开的呀,那,您有没有看那些本子啊?"珠珠问道。

"我哪里有时间看啊,赶紧收拾东西吧。"

虽然妈妈这么说,但是,珠珠的心里总是感到不安,那些日记,妈妈可是"垂涎已久"呢,她会不看吗?正是因为担心妈妈看,她才随身带着钥匙。还有,妈妈为什么不等我回来打开抽屉再收拾呢?为什么非要撬开一把好好的锁呢?

总之,妈妈不看日记的可能性太小了!

还好,书桌里放的都是自己的旧日记本,上面也没什么东西担心被妈妈看到,最新的一本这几天正好在书包里装着呢!

那次搬家的经历,给珠珠提了个醒,让她对日记本的保存更加谨慎起来。珠珠按新旧把日记本放在了好几个地方保存呢,旧的放在书桌里,新一些的藏到衣柜下面,最新的当然是背在书包里最安全啦。为了防止日记被偷看,珠珠特意买了一个带锁的笔记本盒子呢。

 让爸妈开心看我的

为了保存日记本，珠珠可是费了不少心思呢。有一回，珠珠梦见自己有一个百宝袋，可以装下所有的日记本呢。看来，珠珠连做梦都不放心呢！

珠珠的13岁生日过后大约一周，吃晚饭的时候，妈妈突然问道："听说你过生日的时候有男生送你礼物了。"

"嗯。"珠珠随口应了一声，但立马发觉情况不对，"您是怎么知道的呀？"

"哦，我听你同学说的。"妈妈很镇静地说。

同学，到底是谁说出去的呢？收到东东礼物的事，只有自己知道啊，难道是东东说出去的，不会吧？

珠珠正在琢磨是怎么一回事呢，就听妈妈接着说道："你们班现在有没有人谈恋爱呢？"

"没有啊！"珠珠说。

"哦，那就好，你们还小，不懂什么叫爱，可不能把心思花在这上面……"妈妈絮絮叨叨地说。

珠珠一个劲地点着头，心里却想着秘密是如何泄露出去的。

星期六的晚上，珠珠洗完澡，想修一下指甲，可四处找都找不到指甲刀。

"妈妈，你见指甲刀了吗？"

妈妈想了想说："你去我床头柜里找一下吧，我昨天晚上剪完指甲，可能顺手扔到床头柜里了。"

珠珠在妈妈的床头柜里翻了半天，总算找到了指甲刀，正要关上抽屉，突然发现里面有一把很精致的钥匙。

珠珠拿起来一看，呀，怎么这么眼熟呢？

对了，这会不会是自己日记本上的钥匙？珠珠赶紧拿过去，在自己的日记本盒子上一试——盒子被打开了。

珠珠惊出一身冷汗，原来，妈妈一直在偷看自己的日记呢，东东送生日礼物的事，妈妈一定是从日记里看到的。

珠珠又气又急,对着妈妈嚷道:"妈,您怎么会有我日记本上的钥匙?"

妈妈看着珠珠手里拿着的钥匙,先是一愣,随即故作平静地说:"这是你日记本的钥匙啊,我可不知道,我在扫地的时候发现的,随后就扔到了床头柜里。"

珠珠的眼泪都流出来了,她哭着说:"偷看别人的日记,您是贼!"

从那天起,珠珠对妈妈实行了"冷战",一句话都不和妈妈讲,还在自己的卧室门口贴了一张纸条:小心有贼!

妈妈虽然很生气,可心里有鬼,只好先忍着。

最终,爸爸代表妈妈来"和谈"了。

爸爸先是送给珠珠一个非常精美的密码日记本,然后和珠珠谈心。

"妈妈那样做不对,我已经批评过她了,再说,你们这样耗下去也不是个办法呀!妈妈的行为虽然有问题,但是出发点是对的,她是为了关心你,为你的成长考虑,你要理解啊!"

"我都想了那么多办法,最后还是被妈妈偷看了。"珠珠的气还没消呢。

让爸妈开心看我的

絮絮叨叨 理解 密码

"这样吧,我告诉你一个解决的办法吧。"爸爸说。

"什么办法啊?就算我锁得再牢,也会被她想办法弄到钥匙的。"珠珠说。

"你先听完我的办法再发表意见。"爸爸说,"你可以写两种日记。一种是私密日记,就用我送你的本子写,设个密码就好了,妈妈肯定打不开的;另一种是公开日记,可以让爸妈看的。公开日记不但可以促进我们之间的沟通,我和妈妈凭此还能指导你写作呢!当然,只要你答应写公开日记,我让妈妈保证不看你的私密日记!"

你还别说,爸爸的办法真有些意思呢。

最终,珠珠采纳了爸爸的办法,也和偷看日记的"贼"和解了。

女孩的家庭关系宝典

土豆哥哥的话

日记被偷看之后

被父母偷看日记或信件，相信很多人都是"受害者"！

有个14岁的女生，她小的时候就开始记日记了。她总是把日记本藏在枕头底下。有一次放学回家，她发现放在枕头下的日记本的位置不对，后来一问，竟被妈妈偷看过！她气愤地大骂妈妈。自那次事件之后，她总结说："父母都是很狡猾的，千万要当心。"

还有一个黑龙江的小学生，竟冲进派出所，要告父母偷看自己的日记。最后，在派出所的调解下，父母当场向他道歉，并承诺不再偷看他的日记，一家人才得以和解。

类似的事情很多。

也许，对很多女生来说，日记被偷看，等发现后，哭也哭了，闹也闹了，如果父母开明，或许能得到一番道歉；但若父母吼一句："生了你，养了你，看看日记有何了不起！"做女儿的也没有办法。

据一家媒体在全国各城市做的调查显示，仍有近30%的中小

让爸妈开心看我的

学生的日记或信件被家长偷看；北京一学校对 2000 名中学生的问卷调查结果则显示，有 70% 的孩子强烈反对父母偷翻自己的书包、偷看自己的日记。

　　值得欣喜的是，我们的隐私权越来越受到重视。2007 年 6 月，新修订的《中华人民共和国未成年人保护法》正式实施，新法规定老师、家长都不可以偷看未成年人的信件、日记、电子邮件，对未成年人的信件、日记、电子邮件，任何组织或个人不得隐匿、毁弃。

　　随着社会对我们的关注，家长们偷看日记的行为正在减少，如果你很不幸，父母对你的日记非常"渴望"，那么，勇敢地面对吧，积极地和父母进行沟通。

　　找一个合适的时间，坐下来和父母好好地谈一谈，告诉他们日记是你的隐私，就算是父母也不能随意翻看。

　　如果你的父母还是不听该怎么办呢？你可以召开一个家庭会议，找亲戚朋友做"后援团"，让他们帮你说话，"舆论"的压力一定会让你的父母认识到自己的错误的。实在不行，可以让老师帮你说话哦，父母可是很相信老师的话的！

女孩的**家庭关系**宝典

刷刷姐姐的话
保护日记本里的秘密

每个女生都应该有秘密。

爸爸妈妈不但应该允许我们有秘密，而且要鼓励我们保护好这些秘密。

每个女生或早或晚都会经历一个成长封闭期。在这个封闭期，女生不希望跟他人分享自己的秘密，不希望成为没有隐私的"透明人"，不希望父母关注自己的秘密。

当然，我们也明白，父母关注我们的秘密，是为了让我们更健康、更安全地成长。不过，爸爸妈妈们要采取更理智、更有效的方式，而不是简单地用偷看日记之类的措施关注我们。

那么，对女生来说，到底该如何保护自己的秘密呢？

第一，向父母敞开一扇窗。

刷刷姐姐认识一个女生，她也有写日记的习惯，平时爱把自己对一些事情的看法写进日记里。但是，她的日记并没有上锁，每隔一段时间她还会让妈妈看看。有时妈妈也

让爸妈开心看我的

会主动问她，在征得她的同意后再看日记。其实，她的日记本是一个普通的本子，就放在写字台上，妈妈要看的话随时都可以看，但妈妈从来都不私自看她的日记。

日记记录着女生日常生活中的点点滴滴，让它成为你与父母之间相互沟通的一扇窗吧：当你快乐时，父母与你共享喜悦；当你悲伤时，父母便会在日记本中留下几句安慰的话语。日记在写与看的过程中记录着女生的成长，而父母也将他们的爱深深地融入女生的日记中。

第二，多跟父母聊聊天。

父母偷看女生的日记是不好的行为，然而也是可以理解的，因为这是父母急于了解我们而采取的不理智的手段。假如你的父母经常偷看你的日记，那你就应该反思一下，是不是很久没有和父母聊天了。

如果你的日记中真的有不想让任何人知道的秘密，那么，为了保护好这些秘密，你就需要多和父母聊天。因为，如果你经常主动地跟父母讲最近的学习情况，聊学校里发生的新鲜事情，谈自己的看法，倾诉内心的情感，父母自然就不会关心你的日记了，他们已经了解了足够多的信息，没必要再去偷看你的日记了。

第三，准备两个日记本。

你可以准备两个日记本。一个是交给老师看的，也可以经常主动地拿给父母看。还有一个，写一些心里话和梦想，譬如受到老师、父母批评后的一些委屈，同学间的一点小秘密等。

为了保护好日记本里的秘密，女生也需要在保密的技术上动动心思，如买不容易打开的日记本，并做好日记本的保存工作。

女孩的家庭关系宝典

女生攻略

可以告诉父母的秘密

告诉父母一些秘密，是避免日记被偷看的好办法！

那么，哪些秘密可以告诉父母呢？下面，就为女生们列举一下可以告诉父母的秘密：

1. 交了新的朋友。
2. 老师的趣事。
3. 面对男生时的奇怪感觉。
4. 身体上出现的变化。
5. 看到花开花败、日出日落时的一些感受。
6. 每天最得意和最焦虑的事。
7. 最羡慕的人和职业。
8. 读到的一本好书。
9. 受批评时自己的心情。
10. 受了委屈后的愤怒。

让爸妈开心看我的

第 3 节 分享你的故事

蕊蕊最近变得不爱说话了，整天闷闷的，一放学就把自己关在房间里，也不下楼和伙伴们玩，更不和爸爸妈妈聊天了。

爸爸指了指蕊蕊的房门，对妈妈说："这孩子最近是怎么了？不爱说话了，小时候叽叽喳喳的，整天像小鸟一样围着人叫呢，现在可好，一句话都没有啦。"

妈妈叹口气说："女孩子长大了，心事就多了！"

"长大？有我们在，她就永远也长不大。"爸爸说。

"哼，亏你还做爸爸呢，连你女儿的月经初潮都不知道，女儿真的是长大了！"妈妈嗔怪道。

"真的呀，我还真不知道呢，不过，总这样也不行，要找机会和她聊聊。"

"好啊，这个艰巨的任务就交给你吧。"妈妈微笑着说，"你要还我一个活泼开朗的女儿啊！"

爸爸拍拍胸脯说："保证完成任务。"

周六的早上，阳光不错。

吃过早饭，爸爸对蕊蕊说："今天有没有空？爸爸邀请你去钓鱼。"

蕊蕊有点吃惊地望着爸爸说："以前我让您带我去，您总是推三阻四的，今天怎么主动邀请我啦？"

爸爸笑着说："以前不让你去，是因为你总坐不住，钓鱼的人最怕坐不住了。现在你长大了，爸爸发现你最近很沉得住气呢！"

"放心吧,我保证不会吓跑你的鱼。"

爸爸开车带着蕊蕊来到郊外的一个鱼塘,这里好幽静啊,除了鱼塘边几位钓鱼的老人,就剩下静默的花花草草了。

爸爸选了一个地方,拿出鱼竿,开始准备鱼饵,蕊蕊坐在爸爸身边,静静地注视着水面。

总之,爸爸不问话的时候,蕊蕊绝对不会开口。

过了大约半个小时,浮漂动了一下,爸爸赶紧拉起鱼钩,果然钓到了一条,只可惜个头小了些。

"爸爸,您瞧,这条小鱼多可爱啊!"看到活蹦乱跳的小鱼,蕊蕊总算主动开口了。

"是啊,像不像《海底总动员》里的尼莫?"爸爸说。

"嗯,眼睛真有点像

呢!"蕊蕊开玩笑地说。

爸爸准备好鱼饵,抛下鱼钩后,说:"说不定这条小鱼的爸爸也和尼莫的爸爸一样,四处找它呢。"

"爸爸,我们干脆放了它吧,它好可怜!"听爸爸这样说,蕊蕊就有些不忍心了。

"好啊,你把它放回去吧。"

爸爸的话音刚落，蕊蕊手一抬，小鱼就顺着蕊蕊的手指滑进鱼塘了。

一直注视着浮漂的爸爸听到声音，笑着说："你倒放得很快啊。"

"爸爸，您说鱼真的有感情吗？"蕊蕊好奇地问道。

"当然有啦，任何动物都有感情。"爸爸说，"只是，不同的动物表达感情的方式不一样而已。我们人是群居的动物，以家庭为单位，家庭中的成员，就要相互关心，把自己最快乐的和最烦心的事告诉家人，让家人与自己一起分享快乐，帮自己分担忧愁。"

"哦。"蕊蕊若有所思地说，"可是，不是说人长大后就要学会独立生活吗？为什么还要把事情都告诉家人呢？那不是和没长大没什么区别吗？"

原来，蕊蕊一直不和家人聊天，是这个原因啊。

找到了问题的原因，爸爸一下子轻松起来。

爸爸说："那你可就理解错了，长大以后，人变成熟了，就会更加懂得和家人分享的重要性，那种为家人高兴和担忧的感情就是亲情。"

听完爸爸的话，蕊蕊似乎一下子轻松了许多，她说："我还以为成熟就是自己面对所有的事呢。哈哈，其实很多事，我都想跟你和妈妈说，但是，忍一忍，还是没有说。"

"我们还以为宝贵女儿生病了呢！"爸爸开玩笑地说，"以后记得把学校里的事和我们分享啊！"

"好的，没问题。"

女孩的**家庭关系**宝典

蕊蕊干脆利落地回答。

自从钓鱼回来以后,蕊蕊果然开朗了不少,先前那个活泼开朗的小女生又回来了。

你瞧,今天刚进门,蕊蕊就迫不及待地把开心事向爸爸妈妈说呢。

"爸,妈,今天我的作文受表扬了,老师还说要推荐给报社发表呢!"

爸爸从书房里探出头问:"是什么作文啊,老师这么喜欢?"

蕊蕊说:"我只说标题啊,内容保密!"

"赶紧说啊,别卖关子了。"妈妈已经等不及啦。

"标题是'长大的尼莫',呵呵,有意思吧!"蕊蕊得意地说。

爸爸点点头,说:"嗯,不错,是个好题目,我看一定能发表呢!"

父女俩一唱一和的,把旁边的妈妈弄晕了:"什么莫名其妙的标题呀?到底是什么内容呀?"

蕊蕊朝爸爸挤挤眼,说:"这个嘛,说过了,保密。"

接着,蕊蕊和爸爸一齐开心地笑了起来。

土豆哥哥先给大家讲一个有趣的故事吧。

乌龟爸爸和小乌龟在一起喝可乐。乌龟爸爸喝得快,喝完自己的一杯后,就对小乌龟说:"你去外面帮我拿一杯可乐。"小乌龟刚走两步就不走了,回头说:"你肯定是支我离开后,要把我的可乐喝掉!""这怎么可能?你是在帮助我呀!"经乌龟爸爸一再保证,小乌龟相信了。

一个小时过去了,乌龟爸爸耐心地等着。两个小时过去了,小乌龟还没有回来。三个小时过去了,小乌龟仍然没有回来。这时,乌龟爸爸想:"小乌龟肯定不会回来了,它一定在外面喝可乐呢。它不回来,那我干脆把它这一杯喝了吧!"在乌龟爸爸拿起可乐要喝的时候,小乌龟就像从天而降一样,站在乌龟爸爸面前,气冲冲地说:"我早就知道你会喝我的可乐的!"

"你是怎么知道的?"乌龟爸爸尴尬而不解地问。

"哼!"小乌龟气愤地说,

"为了证明我的判断,我在门外站了三个小时!"

多有趣的一对乌龟父子啊,为了一杯可乐,竟都等了三个小时。为什么会这样呢?很简单,乌龟父子互相不信任,小乌龟总是担心爸爸会喝掉自己的可乐,爸爸则担心小乌龟不会回来。

乌龟父子的故事虽然好笑,但是想一想,我们是不是完全信任自己的父母呢?会不会把自己的秘密分享给父母呢?要知道,如果我们对父母不信任,父母就会对我们越来越怀疑,就像等了三个小时的乌龟爸爸开始怀疑小乌龟一样。

信任,从分享开始。就连很多明星也会把自己的事分享给父母呢,郑爽就是这样。她经常在工作之余给父母打一个电话,或者抽空去看父母,然后把自己遇到的好玩的事告诉父母……父母每次听到她讲的事,都会非常开心。

想象一下,当我们把学校里发生的好玩的事分享给父母时,父母一定会露出开心、幸福的笑容,他们会更加信任我们,也会给我们更多的自由。这些便是分享的意义。

让爸妈开心看我的

刷刷姐姐的话

和父母一起放大幸福

在温哥华冬奥会上，周洋在女子短道速滑1500米决赛中，力压韩国队三名劲敌夺冠，她几乎被视为"民族英雄"。夺冠之后，周洋说：我要先把好消息告诉父母，让父母开心开心！周洋的话几乎感动了所有的人。

第一时间把你的快乐告诉父母，你就会得到放大的幸福。

很多少女时代的女生，总是躲着父母，怕父母干涉自己的生活，怕因为"代沟"引起冲突而不愿意和父母沟通，悄悄地把自己的快乐和悲伤都装在心里，时间长了，就会和父母产生隔阂。

作为父母，他们总是认为你还是一个不懂事的孩子，缺乏生活经验，作为过来人，他们会把自己的生活经

验强加给你，你的事都要管。相反，你却觉得自己已经长大了，应该有更大的自由空间，不必事事听父母的。

其实，你和父母的想法都有一定的道理。如果你从不考虑父母的想法是否有道理，而只是强调自己是正确的，你与父母之间的关系就会越来越僵。

要知道，父母也会有烦恼，正如你在学校会遇到不愉快的事情一样，父母也会遇到不顺心的事，也会因为疲劳过度而烦躁。要求父母永远说有道理的话，永远做有道理的事，是不现实的。有了这样的基本认识，你对父母会多几分体谅、理解和尊重。

任何家庭的快乐和幸福从来都不是从天而降的，而是一家人努力的结果。如果你想把自己的幸福放大，你就必须主动迈出第一步，把你的事和父母一起分享。

追求独立是一个人走向成熟的表现。可是，父母很可能一下子适应不了你追求独立的愿望和行动，他们一直习惯做你的保护伞，愿意事事替你包办。要让父母不反对你的独立，你就需要拿出自己已经成熟的证明。

你需要用行动向父母证明自己的成熟。如果你平时做事总是马马虎虎、丢三落四、虎头蛇尾；如果你整天不和人说话，缺乏和人沟通的能力；如果你不懂得分享，只知道以自我为中心……父母有什么理由

让爸妈开心看我的

相信你有独立自主的能力呢？

多给父母一些信任你的理由，你需要从分享你的事做起。

当然，在追求自我独立的同时，你不应忽视父母的意见和指导。尽管你感到自己长大了、成熟了，已经有足够的能力自己做决定了，但是，还有许多事情是你无法解决的，你需要父母的意见和指导，只有这样才能和父母一起放大幸福。

女生攻略

怎样让父母更理解你

要让父母更理解你，女生需要掌握下面的妙招。

妙招一：主动交流。每天找一点时间，比如饭前或饭后，主动和爸爸妈妈谈谈自己的学习、老师和朋友，高兴的事或不高兴的事，与家人一起分享你的喜怒哀乐。

妙招二：一起做事。每周至少跟爸妈一起做一件事，比如做饭、做卫生、打球、逛街、看电视等，边做事情边交流。

妙招三：认真倾听。当被父母批评或责骂时，你不要着急反驳，先试着平心静气地听完父母的"咆哮"，理解父母的良苦用心。

妙招四：主动道歉。如果你做得不对，不要逃避，不要沉默，通常主动道歉会得到父母的谅解。

妙招五：学会沟通。可能你没错，你很委屈，但是先不去争辩，换个时间和地点，再与父母沟通，会有意想不到的效果。

妙招六：控制情绪。与父母沟通不顺利时，不要随意发脾气、顶嘴，避免不小心说出或做出伤害父母的话或事。想发怒时，可以做深呼吸，或用凉水洗把脸。

妙招七：分担家务。在做好自己的事情的同时，主动分担家里的一些劳动，比如洗碗、倒垃圾、擦窗子等，趁机还可以跟爸妈聊聊天。

妙招八：讨论问题，达成协议。学会遇事多与父母讨论，并就如何行动达成协议。例如父母会担心你因看电视而影响学习，如果能就看电视的时间做讨论并达成协议，问题便能解决了。

让爸妈开心看我的

第4节 我想要自由

雅儿打小就是聪明听话的乖女生。

她四岁开始学习舞蹈，六岁开始学习黑管，八岁开始学习素描，十岁开始学习围棋……她是个典型的多才多艺的小美女！

为了让雅儿更好地成长，小学毕业后，妈妈为雅儿选了全市最有名的民办初中，据说从这所学校毕业的学生几乎都能考进省重点高中呢！

但是，这所学校对雅儿来说是残酷的，因为实行的是"准军事化"管理，刚刚开学，雅儿就在烈日暴晒下领会了"准军事化"的含义。

到教室上课要站队一起去，见到老师要行礼，到餐厅就餐要排队去，吃完饭自己要把餐具洗刷干净，并按统一的要求摆成一条直线……仅仅这些制度，雅儿进校后就背了两个星期。

当然，实施起来就更加严厉了，时刻有老师盯着学生，一旦出错就要背所有的规章制度。

一个月后，雅儿和几个熟悉的同学开起了小会。

"这哪里是学校，简直就是监狱嘛！"小可最先说话了。

女孩的**家庭关系**宝典

"就是嘛,这不是管理,是对我们的摧残,我们要去告学校。"娅娅愤愤不平地说。

"对,我们要反抗,干脆我们成立一个组织,大家的力量总比一个人的大吧。"大瑜说。

雅儿看大家都很激动,也赞成成立一个组织:"我看就叫'女生自由联盟'如何?我们的口号就是'我们要自由'!"

此时此刻,正在电视机前梦想着女儿以后踏入重点高中的爸爸妈妈绝对不会想到,雅儿已经成为"女生自由联盟"的发起人之一。

第二天,很多同学收到了一条特殊的短信,内容是:我们是学生,不是犯人,更不是被关进笼子的小鸟,我们要自由。如果你支持我们,请把短信转发给你的同学。落款是"女生自由联盟"。

短信被同学们快速地转发。

终于,有人把短信发到了校长的手机上。

看到短信后,校长目瞪口呆,马上召集大家开全校大会。

在会上,校长解释说,学校的管理模式是受到家长以及社会认可的,这种严格而有序的管理,可以使你们养成"在什么时间做什么事,在什么

让爸妈开心看我的

地方做什么事,做什么事就要把它们做好的习惯",对你们的成长是非常有好处的。世界上根本就不存在绝对的自由,只有在制度的保障下,才有真正的自由,人人都喊着要自由,社会就会乱套。

校长的话很快打消了同学们的不满,大家又投入到了紧张的学习中。

不过,对第一个发短信的人,学校是绝对不能放过的。

经过调查,学校很快发现,短信最开始是从雅儿的手机上发出的。校长亲自给雅儿的爸爸妈妈打了电话,让雅儿办转学手续。

当雅儿见到妈妈的时候,妈妈哭得眼眶红红的,为了上这所学校,妈妈不知道费了多少心血,现在,因为雅儿的冒失行为,竟被学校"赶"了出来。

可是,雅儿高昂着头,说:"从小到大,我每次都听您的,您让我学什么,我就学什么,您禁止我下楼去玩,禁止我和男生来往,拦截我的电话,偷看我的电子邮件……我都忍了,可是,这一次,我要自己为自己做主,这所学校我一天都待不下去了!"

听雅儿一下子发泄出这么多不满,妈妈都快崩溃了,要不是爸爸在旁边扶着,她早就倒下了。

回到家后,妈妈一病不起,对雅儿和这个家都失去了信心。

妈妈的反应竟会这么强烈,是雅儿完全没有料到的,看妈妈病了,雅儿心里害怕起来,万一妈妈要出什么状况,自己会后悔一辈子的呀!

曾经教雅儿黑管的冯阿姨是妈妈最好的朋友,她来家里看过妈妈以后,把雅儿单独叫到了小房间里。

冯阿姨说:"我知道,这些年你学这学那的,受了不少苦,你妈妈的做法,我也不是完全赞同。但是,今天的你,已经不再是只会在学习和玩之间做选择的人了,你要学会和妈妈沟通,把自己的想法早点告诉妈妈,然后做出一个大家都满意的决定,像你这样搞'突然袭击',是谁都受不了的。"

雅儿惭愧地低下了头。

冯阿姨走后,雅儿亲手为妈妈煮了南瓜百合粥,送到妈妈的床边。

"妈妈,我错了,是我辜负了您的期望。"雅儿的一句道歉,让妈妈的眼泪再次流了出来。

"这也不全是你的错,我太急于求成了,也没有征求过你的意见。刚才你冯阿姨说了,已经帮你联系了一所学校,虽然离家稍微远一点,但是教学质量还不错,你愿意去上吗?"

雅儿点点头,说:"只要不是那种军事化管理的学校,我都愿意去上。"

上学的事解决了,妈妈的心终于踏实了一些。

妈妈一边吃着雅儿煮的粥,一边说:"妈妈也应该向你道歉,以前,我把所有的精力都放在督促你学习上了,很少像今天这样和你聊天。我知道,你已经长大了,能照顾妈妈了,也需要有自己的空间了,妈妈以后会尽量让你自己做决定,

让爸妈开心看我的

但是，毕竟你还没有完全成年，很多事情还要妈妈帮你拿主意，如果你有意见，可以说出来，妈妈会尊重你的意见的，好吗？"

"嗯。"雅儿认真地记住了妈妈的话，说，"您放心，我不会再干这样的傻事了，您好好休息一下吧。"

"自由"事件就这样收场了，虽然过程很让人揪心，但是，这件事过后，雅儿和妈妈的心近了很多。

摧残

自由

惭愧

七月哥哥的话

少女的自由保卫战

先来看一则刊登在报纸上的真实故事。

"张××：我感谢你生育了我，但我不是你的奴隶，我是一个自由的人，从今天开始，如果你还想要我这个女儿，就必须做到以下10条……"3月下旬，长春的张女士接到15岁女儿"讨要自由"的《宣战书》，一时黯然神伤。

女儿的10条要求包括："不许动我的书包、抽屉"；"不许看我的聊天记录、日记"；"不许强迫我穿你买的超级难看的衣服"；"不许拦截我的电话"；"允许我听孙燕姿、周杰伦的歌"……

这封落款为"自由天使"的《宣战书》的末尾，措辞更为强硬——"如果你做不到其中任何一项，我宁可露宿街头，去做乞丐，也要毫不犹豫地离开这个家，让你永远也找不到我！我说到做到！"

看到这封《宣战书》，你是不是很吃惊呢？——这个女孩竟敢于直接向妈妈"宣战"。在吃惊之余，你也许会发现自己也遇到了和这个女孩一

让爸妈开心**看我的**

样的问题。

自由，是很多女孩内心最大的渴望。到底如何保卫自己的自由呢？

一些女生会无奈地摇摇头，把自己封闭起来，彻底放弃自己的渴望，而一些女生会奋起反抗，但结局往往是两败俱伤！

在土豆哥哥看来，要想从家庭的"束缚"中获得自由，女孩有一条路可走，那就是用自己的行动证明可以管好自己。

美国作家盖瑞·艾卓曾提出"漏斗式教育"的理念。他认为，随着责任感的增强，孩子越是成熟，就越能掌控更多的自由。因此，为了获得自由，女孩需要不断成长。

当然，女孩必须对自由有深刻的认识。

首先，自由不等于挣脱父母的怀抱，我们需要父母的适当管教。

其次，自由不等于没有规则，我们需要尊重必要的规则。没有任何约束的自由是危险的，有约束的自由，建立在合理规则上的自由，才是真正的自由！

最后，我们得到的自由会随着年龄的增长而增多。随着我们渐渐长大，父母对我们的限制会越来越少，当我们成年后，我们就可以拥有每一个普通公民享有的自由了。

刷刷姐姐的话
女生需要自由成长

喜欢玩耍、喜欢游戏是孩子的天性，父母应该尊重孩子的天性，给孩子一定的自由。

如果把女生所有的时间都填得满满的，不给女生自由支配的时间，这样非但培养不出人才，反而可能扼杀女生的思考能力及想象力，而且还会给女生带来心理上的压力。而一味顺从的女生，就可能失去独立思考的能力，脑子就会生锈，连思考能力都没有，又怎么能够有创新的能力呢？

众多的研究结果显示，富有创新能力的孩子，家长为他们设定的规则平均为一个，而创新能力不够的孩子，家长给他们设定的规则平均为六个。

自由和孩子的创新能力在一定程度上是成正比的。作为家长，他们需要知道自己的孩子在做什么，需要扮演监督者的角色，

让爸妈开心看我的

但是，父母更应该是孩子的朋友，他们不应该对孩子的行为感到过分紧张，即使孩子干了一些冒险的事，他们也应该充分相信自己的孩子，放手让孩子去扩展自己的活动半径。

我们都知道，养在鱼缸中的热带金鱼只有约10厘米长，不管养多长时间，始终不见金鱼生长。然而将这种金鱼放到水池中，在两个月的时间里，就可以长到30多厘米。

对女生的成长来说也是一样。女生的成长需要自由的空间，而父母的保护就像鱼缸一样，女生在这样的"鱼缸"中难以长成大鱼。要想让女生健康成长，父母就应克制自己，给女生自由成长的空间。

这就是世界上伟大的教育法则之一：鱼缸法则。

但是，这并不是说，父母要给女孩完全的自由。相反，父母应给女孩提出一些严格的要求，比如，在客人面前不许大声喧闹，吃饭的时候不要撒饭粒等。其实，这是在培养女孩的良好习惯。如果父母在生活习惯上纵容女孩，只会让女孩变得越来越邋遢。

在争取自由之前，女孩先要分清楚哪些是需要打破的规则，哪些是约束自己的行为，让自己养成良好习惯的要求。只有分清这些，女孩才不会在父母面前胡搅蛮缠，才能得到真正的自由。

女孩的家庭关系宝典

女生攻略

女生可以拥有哪些自由

女生的成长需要一定的自由，具体包括哪些自由呢？快来学习一下吧。

1. 选择爱好的自由

什么东西吸引了自己，对什么有兴趣，就自由地去选择。告诉爸爸妈妈你喜欢什么，而不是让爸爸妈妈来决定你的爱好。

2. 走出房间的自由

一位著名的教育家说：有屋顶的是教室，没有屋顶的也是教室。社会是一间大教室，你需要有走出房间，接触社会的自由。

3. 独处的自由

你拥有独处的自由，告诉爸爸妈妈，你不需要时时刻刻被人盯着。独处的时候，你正好可以与心灵对话。

4. 发现的自由

爸爸妈妈总习惯把现成的答案告诉你，这个过程就是被灌输的过程，你没有发现的喜悦，没有探索的快乐，没有获得答案的成就感。把发现的自由争取回来，自己发现问题，自己想办法，自己去解决。

5. 发泄感情的自由

你可以在家里适当发泄自己的感情，或是有一个调整情绪的空间。

让爸妈开心看我的

第5节 爸爸的"画饼"教育

放学的路上,小菡身后突然响起一阵清脆的铃声。

"小菡,我们先走啦!"大牛他们朝小菡挥挥手,然后猛踩脚踏板,自行车就飞快地向前冲去。

哼,不就是骑辆自行车嘛,有什么神气的!小菡心想,回头就让爸爸给自己买一辆,要最酷的那种。

回到家,爸爸正坐在沙发上看报纸呢,小菡赶忙为爸爸洗了一个苹果,递到爸爸跟前。

"爸爸,我帮您洗了个苹果,您平时很少吃水果,对身体不好的!"小菡说。

"嗯。"爸爸应了一声,接过苹果,继续看他的报纸。

爸爸的反应很平淡啊,还得继续加强攻势!

小菡又说:"爸爸,告诉您一个好消息,今天我的画被美术老师表扬了!"

"嗯。"爸爸还是不冷不热地说,"不错,继续努力。"

干脆开门见山好了!看爸爸一点都不关心自己的事,小菡就壮着胆子说出了心里话:"爸,我们班好多同学买了自行车,骑车上学很方便呢。您瞧,咱家离学校有两站多路,坐公交不划算,走路又太远,骑车最好了!再说,我周末还要去学画画呢,有自行车就方便多了。"

听小菡要买自行车,爸爸才合上报纸,对小菡说:"你先好好学画画,要是能在这次的绘画比赛中获奖,我就给你买辆自行车。"

女孩的家庭关系宝典

"啊——太好了,我要最酷的那种!"虽然爸爸是有条件的,但是小菡还是非常兴奋。

离绘画比赛还有不到一个月的时间,小菡已经准备很久了,获奖应该不成问题。为了确保自行车能到手,这些天里,小菡放学后,一吃完饭就待在自己的屋子里练习,好几次,隔壁的姐姐叫她去楼下玩,她都忍住没有去呢。

小菡的脑海里总会出现这样的画面:周末的早晨,自己穿着漂亮的裙子,背着画板,骑着爸爸新买的自行车,前面是一片金灿灿的油菜花海……

这画面真是太美了,对了,这次的参赛作品就画这幅《骑自行车的姑娘》,多好的创意啊!

小菡的创意得到了老师的全力支持。最终,这幅《骑自行车的姑娘》让小菡获得了绘画比赛的一等奖。

当小菡拿着奖杯向爸爸要自行车的时候,爸爸却推说最近工作太忙了,等有空的时候再带小菡去买。

时间悄悄地过了一个星期,小菡每次提起自行车的

让爸妈开心看我的

事，爸爸都说忙。

星期天的下午，刚好爸爸有空，小菡就对爸爸说："今天可以带我去买自行车了吧？"

爸爸点点头，刚要动身，就听到妈妈说："买什么自行车啊？"

小菡急忙说："爸爸答应我的，只要我得奖，就给我买一辆自行车……"

"买自行车，你会骑吗？"刚说到买自行车，妈妈就打断了小菡，"昨天张阿姨家的大牛骑车和同学去玩，结果不小心被汽车撞到了，胳膊都骨折了，你还敢买自行车呀！"

"什么，大牛被车撞了？"小菡吃惊地问。

"我刚才在楼下碰到张阿姨了，她说要去买牛大骨给大牛补身体呢！"妈妈说。

"小菡，我看自行车还是缓一缓再买吧！"爸爸摆摆手说。

听妈妈说得那么危险，小菡也不好再强求了。

梦想中的自行车化为泡影啦！这些天，小菡的情绪一直很低落，干什么事都没精神。

在家长会上，班主任特意叫住小菡的爸爸，告诉他小菡最近上课不专心听讲，作业也没以前写得认真了，要好好抓一抓呢！

回家后，爸爸问小菡："老师说了，你最近的学习状态很差，到底是怎么回事啊？"

小菡低着头，好半天才支支吾吾地说："我最近感觉有点累……"

"学习的事可千万不能松懈，这样好了，你好好努力，如果期末考试的时候成绩能提上去，考进班里的前十名，爸爸就为你买一台电脑。"

一听说要买电脑，小菡马上兴奋起来。

"真的吗？我们班的同学几乎都有电脑了，以前我要的时候，您总说我太小，不能用电脑，这次可不能骗我了！"小菡说。

"爸爸什么时候骗过你呀？"

"上回买自行车……"小菡提起了伤心事。

"不是爸爸骗你，是妈妈不同意买。"爸爸解释说。

"那好，我们这次拉钩！"

"好吧，拉钩！拉钩上吊，一百年不许变。"爸爸伸出小手指和小菡拉起钩来。

有了爸爸的承诺，小菡学习的劲头很足呢，精神状态马上就变了样。

妈妈问起来："这孩子最近怎么跟打了鸡血一样，整天很兴奋的样子？"

爸爸得意地说："哈哈，那当然，是我教育得好啊。"

"你是不是又答应给她买什么东西了？"妈妈问道。

"我说期末考试的时候考进前十名就给她买电脑。"爸爸回答说。

"什么，你真的要给小菡买电脑？万一她成天玩电脑，不好好学习怎么办？"妈妈担心地说。

"我就是鼓励鼓励她，给她一个目标，买不买到时候再说吧。"爸爸悄悄地说。

小菡的努力最终没有白费，期末考试获得了第六名的好成绩，也成为全班进步最快的学生。

拿着成绩单，小菡得意地来找爸爸要电脑。

"爸爸，您该兑现承诺了吧！"

"看来你的潜力还蛮大的嘛，继续努力啊，电脑的事先等一等，爸爸发了奖

让爸妈开心 看我的

清脆
开门见山
承诺

金就给你买啊。"爸爸微笑着说。

"爸,您怎么又变卦啊……"听爸爸这么说,小菡的眼泪一下子就流出来啦。

"别哭啊,不就是一台电脑,至于哭鼻子吗?"爸爸都不知道怎么劝小菡了。

小菡哽咽着说:"爸爸,您说过的话哪次算数了?以后,以后您说的话,我都不会听了……"

"这……"爸爸怔住了,"好吧,下周爸爸一定为你把电脑带回家!"小菡终于露出了微笑!

北斗哥哥的话

画饼是不能充饥的

春秋时期，鲁国有个人叫曾子，他是孔子的弟子。

有一天，曾子的夫人要到集市上去，她的儿子哭着闹着也要跟着去。夫人对儿子说："你先回家待着，我回来后杀猪给你吃。"

等到夫人从集市上回来，曾子就去抓小猪。夫人吃惊地说："我只不过是跟孩子开玩笑罢了。猪还这么小，杀了多可惜啊！"曾子说："这可不能开玩笑啊！小孩子缺乏思考和判断能力，要向父母学习，听从父母的正确教导。现在你欺骗孩子，就是教他骗人啊！母亲欺骗儿子，儿子就不再相信自己的母亲了。你这样做不是教育孩子的正确方式啊。"

于是，曾子把猪杀了，然后煮肉给儿子吃。

和曾子比起来，今天的好多爸爸妈妈都不明白"承诺"的重要性呢！画饼充饥的成语

让爸妈开心看我的

我们都知道，很多父母会为孩子在墙上画个饼子，然后告诉孩子，只要努力、听话，就能吃到美味的饼子。可是，每一次，他们几乎都不在意许下的诺言，把这些诺言抛到九霄云外去了。

许诺是爸爸妈妈最常用的一种奖励方法，但是，如果许的诺言不能兑现，这种奖励还会继续起作用吗？相信大家都会开始反感啦！

调查显示，90%以上的父母认为自己能兑现对孩子许下的诺言，然而却有超过95%的小孩认为父母常常不履行承诺。

父母对我们的教育中，诚信是很关键的一部分。很多爸爸妈妈可能认为，对自己的孩子，难道还能不讲信用？其实，说起来比较容易，做到却并非易事。不少爸爸妈妈会对孩子许下很多诺言，但是，真正能兑现的很少。

父母应该讲诚信，说到做到，否则，与孩子沟通就会很困难，甚至导致孩子不再相信父母。如果父母总是随口承诺，却不兑现，或者答应了没有考虑清楚的事情，就会陷入尴尬的境地，最终会失去孩子的信任。

守信是一种有责任感的表现，一个说到做到的人是能够对自己的言行负责的人，能获得别人的信任和尊重。父母未兑现自己的诺言时，我们应找准时机恰当地提醒他们，让他们知道诚信的重要性，让他们知道画饼是不能充饥的。

刷刷姐姐的话

奖励是让女生更好地成长的手段

女生常常会遇到这样的事情：当你提前完成了父母布置的习题后，父母发现规定的时间还没有到，会给你增加额外的习题。这时候，你一定会反感吧！

你会怎么应对呢？也许时间长了，你会开始磨蹭，把学习的时间都慢慢消耗掉。但是，遗憾的是，你并不会得到更多的自由时间。

如果父母经常破坏约定，在你的心中，父母的信誉度就会慢慢降低，你也开始不喜欢听他们的话了。时间一长，和父母的关系就变得紧张起来啦。

很多父母都会把陪孩子逛街、买孩子需要的东西，当成可有可无的小事，他们常常会说："都答应带你去旅游了，钢琴也买了，这些小事算什么！"以至于某次失信后，他们都"想不起来"答应过什么事呢。

父母是如此"健忘"，

让爸妈开心看我的

女生该怎么办呢?

首先,对父母的奖励要积极地回应。

当看到父母为你准备的奖品时,你一定不要觉得这是自己应该得的,就表现得很冷漠。要积极地回应父母,告诉他们你非常喜欢,并对父母能履行承诺表示感谢。你的感谢会让父母记住,履行承诺是多么美好的一件事,那么,下一次,他们还会主动地兑现承诺。

其次,必须抛弃"不奖励,不努力"的想法。

很多女生把向爸爸妈妈索要奖励当成了习惯,"不给我买,我就不去学校了!""你们不答应,我就不吃饭!"养成这样的习惯,父母一定会很反感,哪里还有动力兑现承诺!奖励是为了让女生更加努力、更好地成长的手段,如果把奖励当成目标,奖励也就失去了意义。

再次,和父母一起制订目标。

很多女生都有这样的经历,自己已经按照爸爸妈妈的要求完成了任务,可是,爸爸妈妈却不满意,不肯兑现承诺。为了防止这种情况出现,一定要和父母一起制订目标。在制订目标的过程中,女生会明白实现目标的难易度,慢慢地学会怎么制订合理的目标,这对女生的成长是很有帮助的。

最后,多向父母要一些精神鼓励。

一位心理学家挑选了一些喜欢绘画的孩子,将他们分为A、B两组。A组的孩子们被告知:画得好,就给奖品。B组的孩子们则只是被告知:想看看你们的画。两组的孩子们都高兴地画了自己喜爱的画。A组的孩子们得到了奖品,B组的孩子们只得到了称赞。

三个星期以后，这位心理学家发现，A组的孩子们大多不主动去画画，他们对绘画的兴趣明显降低，而B组的孩子们仍和以前一样愉快地画画。这个实验表明，精神鼓励的作用往往会更持久。

一般女生到了12岁以后，精神需求会增多，有被人尊重、被人爱、被社会认可、被人理解等多方面的精神需求。因此，多让家长给自己一些精神鼓励，对女生很重要。

女生攻略 对待父母许诺的三个原则

如果爸爸妈妈常常许诺，请记住对待许诺的三个原则，并及时提醒他们。

原则一：言而有信

说了便要做到，如果做不到、兑现不了，就不应该向我们许诺。父母言行一致，

让爸妈开心看我的

不但能让我们信任他们，而且会潜移默化地影响我们呢。

原则二：及时道歉
如果父母由于某种原因未能兑现承诺，一定要求他们解释清楚。当父母真诚地道歉了，我们就要谅解他们，不要死缠着不放哦。

原则三：积极回应
积极回应父母，让良好的沟通成为促进自己不断努力的方式。

第6节 爱做家务的女生

吃完饭，爸爸去洗碗了，妈妈捡起一堆脏衣服，准备去洗，并对眼睛盯着电视的双双说："亲爱的，别看电视啦，先把桌子擦了，然后再把地拖一下哦！"

双双很不乐意地说："哎呀，怎么又给我布置任务呢？"

妈妈说："你是这个家中重要的成员呀，自然会有你的一份家务活喽！"

双双极不情愿地拿起抹布，胡乱擦了下桌子，又像给猫画胡子一样，快速地拖了地，然后回到电视机跟前。

第二天是星期六，赖在被窝里的双双被妈妈早早地喊了起来。

"一会儿家里来客人，赶紧起床吧，把房间收拾好啊！"

双双才没有心思管来什么客人呢，她把被子随意折几下就去洗漱了。

刚刚洗完脸，就听门铃在响。

妈妈去开门，来的竟然是张老师。

虽然妈妈和张老师是朋友，但是，张老师毕竟是自己学校的老师啊，见到之后，双双还是有点紧张。

双双过来向张老师问好，张老师笑着说："多听话的孩子，你们班主任经常在我跟前夸你懂事

让爸妈开心**看我的**

呢！"

妈妈也笑着说："双双在家里表现得也不错呢，擦桌子、拖地的事，都是双双干呢！"

张老师马上露出一副羡慕的表情，说："我们家的儿子，连他自己的被子都懒得叠呢。"

听妈妈当着张老师的面夸自己，双双感觉可有面子了，美滋滋地为张老师拿水果去了。

张老师走后，妈妈对双双说："刚才张老师在，我没好批评你，瞧你房间的被子，乱糟糟的。"

双双不禁吐了吐舌头。

自从妈妈在张老师面前表扬过双双以后，双双做家务的热情高了，每天晚上吃完饭，都会主动擦桌子、拖地。

看双双干得这么起劲，爸爸妈妈都特别高兴，家里的气氛也分外地好。

可是，有一天，正在拖地的双双忽然想起什么来，她站直腰对妈妈说："我们班好多人在家干活都是有奖励的，比如，洗一次碗3元，擦一次桌子1元，拖一次

地 5 元。能不能也给我点奖励啊？"

妈妈笑着说："好啊，这个主意好，照这样算，做一次饭应该至少有 10 元，洗一次衣服也应该有 8 元吧，这些钱你给我，好不好？"

"妈，您怎么能这么说呢！我又不挣钱。"双双噘着嘴说。

"你也是家里的一分子啊，做家务应该是你的责任，怎么能要钱呢？"妈妈说。

"哼，你是律师，我说不过你。"双双把拖把一扔，"反正不给钱，我以后就不干了！"

双双怒气冲冲地回了自己房间，妈妈也没有说什么，自己捡起拖把拖完了地。

过了两个星期，一天，对做饭没有一点兴趣的双双冲进厨房，对妈妈说："妈，我来帮您做饭吧。"

妈妈吃了一惊，说："是不是想要钱啊？帮忙可以，我可告诉你，帮忙做饭是没有钱的。"

"妈。"双双说，"您以为自己女儿掉钱眼里了呀，我才不是那样的人呢！"

"哦，那你是什么企图？"妈妈问。

"老师说，下个月班里要举行'厨房技能大赛'，每个人都要表演一项厨房技能，择菜、刷碗、切菜，什么都行。"双双说道。

"哈，我就说嘛，今天太阳从西边出来了！"妈妈笑着说。

"妈，您说我做什么好呢？"双双完全不理妈妈的"嘲笑"。

"来，你先学削土豆吧，看，像妈妈这样，削皮刀要拿稳，调好角度，这样削下来的皮才薄呢。"

让爸妈开心看我的

"没问题，我会了！"双双接过妈妈手里的削皮刀，削了起来。

"呀，这样不行！"才削了几下，妈妈就喊起来，"照你这样削，一个土豆能被你削去一半！"

双双仔细一看，自己削下来的皮果然比妈妈削的厚了好多。

"没想到，削个土豆也这么难呢！"双双说。

"那当然了，你可别小瞧了做家务，做好了，能带来很多好处呢，要不你们班为什么要办'厨房技能大赛'呢？"妈妈语重心长地说。

"嗯，我一定好好学！"双双点点头说。

自从开始学习厨房技能，每天下午放学后，双双都会钻进厨房，一边帮妈妈干活，一边和妈妈聊天。

渐渐地，和妈妈在厨房聊天成了双双的必修课，自己的很多小秘密，都会在这个时候告诉妈妈。

不知不觉一个月过去了，双双在"厨房技能大赛"中，凭借削土豆的技术，取得了不错的成绩。

虽然比赛结束了，但是，双双已经习惯放学后进厨房了。小小的厨房里，总有说

> 必修课
> 锻炼
> 语重心长

不完的故事。

除了帮妈妈做饭，双双还跟妈妈学会了洗衣服、熨衣服、叠衣服。

擦桌子和拖地，是双双的保留节目，她现在做起来会特别仔细。每次做完，看着铮亮的桌子和地板，双双都会有一种特别的成就感。

双双喜欢上做家务了。做家务不但能锻炼身体，而且双双能感受到和爸爸妈妈一起劳动的甜蜜，那种感觉真的好极了，能让人充满活力。

让爸妈开心看我的

土豆哥哥的话

做家务是我们生活的一部分

你一定幻想过，如果自己不用做家务那该多好。生活中，很多女生都会"谈家务色变"呢。

在国外，女生做家务的事并不新鲜，而且做家务是一项必须履行的义务呢。她们每天都必须做一些力所能及的家务，比如布置餐桌、清洗餐具、打扫自己的房间和壁橱。

在德国，就有明确的法律规定：6—10岁的孩子要帮助父母洗餐具、收拾房间，到商店里买东西；10—14岁的孩子要在花园里劳动，给全家人擦皮鞋；14—16岁的孩子要擦汽车、在花园里翻地；16—18岁的孩子要完成每周一次的房间大扫除。

如果孩子不自觉执行，父母有权通知有关部门派专门的执法人员监督孩子履行义务。父母们对孩子的要求非常严格，绝没有半点儿庇护。即便是孩子因为生病不能做家务，也必须

给父母一个正式的书面说明。

做家务是我们生活的一部分，而且，做家务对女生是有很多好处的。

1. 做家务可以锻炼身体的不同部位。

做不同的家务可以锻炼身体的不同部位，如洗衣服可锻炼手臂肌肉等。

2. 培养女生的责任感。

做家务看起来似乎只是简单地重复一些动作，但如果能从小就学会做家务，对培养女生的责任感很有帮助。做家务本就是家中每个人的共同责任，整理自己的东西更是责无旁贷。

3. 增加自信心。

在做家务的过程中，女生还能获得自信。虽然有些时候不能做得很完美，但在练习的过程中，女生会发现自己有能力完成很多事，自然能从中获得自信。

4. 培养解决问题的能力。

刚开始学习做家务，一定有做不好的时候，千万不要着急，一定要冷静，多观察，并思考"怎么做才能做得好"，进而培养解决问题的能力。

5. 学会分类与收纳。

一些家务劳动需要我们有分类、收纳的能力，例如袜子、手套要一双一双地放在一起，衣服要根据分类放进不同的柜子。

让爸妈开心看我的

刷刷姐姐的话
和爸爸妈妈一起做家务

很多女生从未或者很少做家务劳动，平均下来，每天花在做家务上的时间只有12分钟。

很多女生会说，学习的压力很大，哪有时间做家务啊！学习成绩好了，自己有成就感，但是，做家务什么好处都没有。

真的是这样吗？一定有人告诉过你：动手能力是人类重要的能力之一。从现在开始，就锻炼动手能力，和爸爸妈妈一起做家务吧！

那么，女生可以做些什么样的家务呢？像刷碗、扫地、擦桌子之类的家务，都可以做。从做家务的第一天开始，这样的家务就是自己的了，一定要坚持下来。

即使今天有考试，也要坚持做完自己的一份。因为家务和学习成绩是同等重要的——要想学习好，单单扑在书本上是不行的，必须把全身都调动起来。做家务可以培养耐心、毅力、责任心等，在这个基

础上抓学习，学习成绩才能更好。

另外，做家务的时间，也是你和父母沟通的大好时机呢。与父母一起做家务，不仅可以得到参与感及成就感，在合力完成家务的过程中，还可以增进与父母的感情，体会、了解父母的辛劳。利用这段时间，向父母诉说一些快乐或不如意的事情，也能增进他们对你的了解。比如，当你陪着妈妈去买菜的时候，你一边提东西，一边告诉妈妈你的生活小秘密，是很有趣的事。和爸爸一起做饭，爸爸会为了炫耀自己的厨艺而更加卖力，这样不但做饭变得有趣，也会拉近你和爸爸的距离。

和父母一起做家务，让做家务变成一件美好的事，幸福就会洋溢在家中的每个角落。

让爸妈开心看我的

女生攻略

少女的家务清单

处于少女时代的女孩,可以承担哪些家务呢?下面,就为大家列出一份家务清单:

一、个人杂务

1. 保持个人物品整洁。
2. 写请帖和感谢信。
3. 定闹钟。
4. 维护个人物品。
5. 换洗床单。
6. 保持自己房间清洁,并定期打扫。

二、家庭杂务

1. 倒垃圾,给垃圾桶换垃圾袋。
2. 擦灰尘、拖地。
3. 打扫卫生间,清洗洗脸池等。
4. 负责部分厨房卫生,包括洗碗等。
5. 浇花、喂鱼,清洗鱼缸等。
6. 协助爸爸妈妈做饭。

第7节 和"讨厌"的表哥过假期

暑假刚刚开始，小钰就得到一个好消息和一个坏消息。

好消息是比她大两个月的东北表哥要来自己家了，坏消息是表哥要住整整一个假期。

"为什么住这么长时间啊？"小钰问妈妈。

"你大姨家重新装修房子，家里人都要在外面借住，所以就把你表哥送到咱们家来，一来和你一起玩玩，二来总比住在外面舒服一些。"妈妈解释说。

"哦，原来是这样啊！"

两天以后，表哥就到了，小钰和妈妈一起去火车站接他。

表哥戴了一副眼镜，本来就不爱说话的他显得更斯文啦。

"哥，啥时候变成'小博士'了，戴了副眼镜，还是黑框的，你这眼镜多少度啊？"虽然表哥比自己大，但小钰从小就欺负表哥。

让爸妈开心看我的

"没多少，两个加起来500度吧。"表哥腼腆地说。

"哈哈哈。"小钰一听就大笑起来，"两个250呀，和你很般配呢！"

"小钰，怎么和哥哥说话呢？"要不是妈妈及时制止，小钰一定把表哥给欺负哭了。

刚一进家门，妈妈就忙着去做饭。

表哥站在厨房门口说："小姨，我来帮你吧！"

妈妈笑着说："不用啦，我自己来就好了，你坐车也累了，好好休息一下！"

然后，妈妈摸着表哥的小脑袋说："这孩子真懂事，哪像我们家小钰，从来就没帮我做过饭。"

小钰一直瞄着妈妈和表哥，心想，表哥真是马屁精，一进门就在我妈面前表现，叫我以后怎么办呀！

第二天，妈妈交给小钰两张游乐场的门票，说："这两张是游乐场的通票，你带表哥去玩吧，本来是我要带你去的，最近比较忙，抽不出时间，刚好你表哥在，你们一起去吧！"

"谢谢妈妈！"

看到游乐场的门票，小钰激动得差点跳起来，她可是一直盼望着去游乐场呢，可每次妈妈都说没时间，哈哈，看来这个表哥还是挺"有用"的。

到了游乐场，一看见游乐设施，小钰就奋不顾身地冲上去。

"哥，快过来吧，这个最有意思啦，我们玩这个吧！"小钰对表哥喊道。

"你玩吧，我不想玩！"表哥说。

胆小鬼！小钰心里说，不想玩，我看分明是不敢玩吧。

这一天，小钰在游乐场玩疯啦，表哥怎么劝她都不理，直到下午五点多才回家。

一进门，小钰就四处找吃的，抓起一块面包就往嘴里塞。

"小钰！"妈妈怒气冲冲地走过来，一把夺下小钰手里的面包，说，"手都没洗就吃，说了多少次了，就是不听——呀，你瞧，衣服才穿一天就脏成这样！这是啥？冰激凌吧，怎么又沾到衣服上了？"

"妈，不就不小心沾了点到衣服上嘛，您至于发这么大火吗？"小钰撒娇说。

"哼，你呀，跟小猪一样，你瞧瞧你表哥，和你一起去的，人家的衣服怎么干干净净的？"妈妈看了一眼正在洗手的表哥，对小钰训斥道。

"表哥，表哥，您成天就知道说表哥好，难道我不是您亲生的呀！"

本来小钰没想发火的，可是，一听到妈妈又夸表哥，就忍不住了。

"小姨，您就别怪小钰了，我是哥哥，是我没看好她，我也有责任。"

表哥说了几句好话，妈妈的气才消了。

过了几天，妈妈对小钰和表哥说："你们成天待在家里也不好，我给你们俩报个跆拳道学习班吧，以前小钰一直想学，我没时间陪她去，现在你们俩一起去，正好能互相照应呢！"

"好啊，好啊！"小钰激动得直点头。

看小钰这么急切地想去，表哥也没说什么就答应了。

学习跆拳道的时候，表哥成了小钰最忠实的陪练。

让爸妈开心看我的

有一次，表哥给小钰当陪练，结果，小钰一脚上去，踢到了表哥的头，可怜那副黑框眼镜，直接被踢飞啦。

小钰捡起来一看，镜片已经碎了。

"哎呀，也太不经摔了！哥，求求你了，回家千万别和我妈说是我踢碎的，要是让她知道了，肯定就不让我继续学啦！"小钰赶紧哀求表哥。

表哥点点头说："放心好了，我就说自己不小心摔倒弄碎的。"

"哥，你真好！"

这一次，小钰是真心地感谢表哥。

表哥真的没有把事情的真相告诉妈妈。妈妈为表哥配了一副新眼镜，这次配的是金属边的，表哥戴上以后，精神了好多呢！

"瞧，这才像个小伙子嘛，整天戴黑框眼镜，难看死了。"妈妈说道。

时间过得很快，暑假转眼就要结束了。

"讨厌"的表哥要回自己家了，小钰应该感到高兴，再也不用听"瞧你表哥如何如何"的话了。

可是，小钰却高兴不起来。

细想一下，自从表哥踏进家门，自己就一直欺负他，拿他当出气筒，可是，表哥从来没有埋怨过自己，还处处维护、帮助自己。

小钰突然觉得心里酸酸的。

和妈妈一起把表哥送上火车后，在回来的路上，小钰一句话也没有说。

回到自己的卧室，小钰躺在床上，回忆整个暑假的时光，突然，她觉得有什

么东西硬硬的，顶着头。

小钰爬起来一看，枕头边放着被自己踢坏的黑框眼镜，镜片已经被表哥取下了。

眼镜框下面还有一封信。小钰把眼镜框戴上，打开了信。

表哥在信里说，这个假期过得很快乐，镜框留给小钰做纪念。小姨整天都在夸自己，那是因为自己太自卑了，希望尽量表现得好一些，自己很多地方都不如小钰呢，比如，那天之所以没有在游乐场玩，是因为恐高……

看完信，小钰不禁笑了起来，心想，"讨厌"的表哥一点也不讨厌呀！

让爸妈开心看我的

七月哥哥的话

有一种感情叫手足

唐朝的时候，有一位大臣叫李勣，很得唐太宗的赏识。李勣侍奉父母、照顾兄弟姐妹都尽心尽力。

有一次，李勣去看姐姐，发现姐姐病了，就亲自给她熬药吃。一次在吹火的时候，火苗烧到了胡子，他的姐姐就说："家里有这么多仆人，你叫他们去做好了，不要再自己动手了。"李勣却回答说："姐姐，你都八十几岁了，我也七十多岁了，弟弟还有多少机会能为你做事呢？能够亲手为你熬药的机会，往后不多了。"

从小到大，姐姐对他点点滴滴的照顾，李勣不敢忘怀，姐弟间有这样的感情，让人感动。

俗话说："兄弟如手足。""兄弟情，手足情。"姐妹和兄弟的区别，只是性别不同，因此，姐妹情也是"手足情"，一样亲密无间。

068

有很多女生会抱怨，自己是独生女，哪里有兄弟姐妹呢？

事实上，现在虽然只有很少的孩子拥有亲的兄弟姐妹，但是，大多数人都会有表兄弟姐妹或者堂兄弟姐妹，与他们之间的感情，也是一种手足情。

在一个大家庭里，兄弟姐妹之间总能做到友善、关怀、亲近，有了这种前提，不论出现什么矛盾，兄弟姐妹之间都可以心平气和地沟通，耐心解决。

父母都希望大家庭里的孩子能快乐相处，彼此关心。那么，如何与兄弟姐妹们快乐相处，减少矛盾呢？土豆哥哥给出一些参考的建议。

1. 珍惜共同进餐的机会。

让爸爸妈妈多组织一些家庭成员间的聚会。一家人一起吃饭会增进大家的感情，利用吃饭的时间谈话，交换看法，都会让你和兄弟姐妹更亲近。

2. 和平地解决矛盾。

父母与他们的兄弟姐妹之间关系融洽为你树立了很好的榜样。你要知道如何和平地解决矛盾，这样才能让兄弟姐妹间的关系更融洽。

3. 不要嫉妒。

年长一些的哥哥、姐姐，自然应该有多一点的零花钱、晚一点睡觉的权利，以及更多的自由。不要嫉妒他们，你之所以还没有这些权利，是因为你还小。

4. 公平分配。

一起讨论，找出公平分配的方法。和兄弟姐妹在一起，总要分好吃的或者好玩的东西，尝试着大家一起讨论，拿出最公平的办法。

让爸妈开心看我的

5. 把烦恼告诉父母。

与兄弟姐妹吵架后，把自己的不安和烦躁告诉父母，父母的安慰可以有效地抚慰你，你的情绪也会渐渐平复。

刷刷姐女且的话

最大的敌人是"别人家的孩子"

很多女生从小就有个敌人——别人家的孩子。传说这个"别人家的孩子"从来不玩游戏，不聊QQ，天天就知道学习，长得好看，又听话，每次考试都是年级第一。

家长大都有这个习惯，什么事都爱拿别人的孩子跟自己的孩子做比较，比个子高矮、做事快慢、才艺水平、成绩好坏……

当你的表现与父母的期望有了差

距时，他们或许会情绪失控地批评你："小明跟你一起上学，你看人家每次都考100分，你怎么一次90分都考不了？""小慧天生就聪明，你要是有她的一半好，我就谢天谢地了！""我同事的孩子和你同岁，钢琴都过八级了，你天生就笨，每天还就知道玩……"

这些"恨铁不成钢"的话，早已成为女生心中的刺，女生的自信心和自尊心也受到了严重的打击和伤害，有的女生产生了自闭、孤僻等性格，有的形成了嫉妒的心理。

有一位大师说：玫瑰就是玫瑰，莲花就是莲花，只去看，不要比较。

女生需要的是充满正能量的鼓励，而不是打击。与父母一起面对成长中的困难和挫折，即使得到的是责骂，也不要气馁。举个例子，如果你折纸折得非常慢，别的同学10分钟就折好了，你却花了半个小时都没有折好，当父母开始指责你笨的时候，你告诉他们，你比别的同学折得更精致、更好看！不要因为家长的"对比"式教育，把自己打入低谷，产生不良情绪。

相信自己，只要努力了，就是最棒的孩子！

让爸妈开心看我的

女生攻略 当父母提起"别人家的孩子"时

如果你的爸爸妈妈把"别人家的孩子"摆到你面前，不要愤怒，也不要哀叹，下面教给你一些应对的小妙招。

1. 读懂爸爸妈妈的潜台词

所谓"别人家的孩子"好，其潜台词就是"我们希望你更好"。明白了爸爸妈妈的潜台词，你就更能理解他们的心情，不是爸爸妈妈在拿你和别人家的孩子做比较，而是对你有更多的期望。

2. 自己和自己做比较

你可以自己和自己做比较，当看到自己比昨天进步了，你会因此欢欣雀跃！当你知道自己通过努力是可以进步的，你的自信就会一点一滴地增加。

3. 不要有逆反心理

当父母拿你和别人比较时，你可能会很反感，加上自尊心受挫，你很容易产生逆反心理。不要误解父母的话，说："他那么好，你们要他好了，要我做什么？"你只需明白，爸爸妈妈很爱你就可以啦！

第 8 节 "伤不起"的吵架

星期天的早上，若兰本来打算多睡一会儿的，可是，到了7点钟，还是准时醒了。

上完厕所，若兰重新回到床上，却怎么也睡不着，该死的生物钟！再看看外面，太阳已经露头了，真是个好天气呀！

若兰洗漱完之后，觉得肚子有些饿了，去厨房一看，锅里什么都没有。平时这个时候，妈妈早就做好早餐啦，今天是怎么了，难道妈妈也想睡懒觉吗？

若兰来到妈妈的卧室，推门一看，妈妈果然还在床上蒙头大睡呢！

哼，天天骂我是懒猪，原来您也有懒的时候呢。

可是，肚子实在饿得难受，若兰找了半天，发现有半碗昨天的剩饭，就胡乱扒拉着吃了几口。

难得有这样的好天气，自己又起个大早，不如去跑跑步吧。

若兰只穿了件衬衣，换上球鞋就下楼了。

阳光洒在身上，若兰感到非常惬意，她一路小跑着朝公园去了。毕竟是深秋了，公园里锻炼的大爷大妈都穿着厚厚的外套，若兰看看身上的衬衫，心里还很得意呢。

让爸妈开心看我的

若兰绕着公园跑了一圈，突然，一阵冷风吹过来，若兰不由得打了个哆嗦，抬头看看天，不知什么时候，已经卷起一团团乌云了。这天真是说变就变，刚才还出太阳呢，这会儿就要下雨了。

要不要赶紧回家去呢？算了吧，好不容易出来一次，再跑一跑吧。

可是若兰没有料到雨会来得这么突然，下得噼里啪啦的，她只好往回赶。

一进门，若兰就看到妈妈已经起床了，正在洗脸呢！

"嘿嘿，整天说我懒，您比我还懒呢！"若兰望着妈妈说道。

"作业写完了吗？一大早就往外跑，就知道在外面疯玩，哪里像个女孩子……呀，下雨天你怎么只穿件衬衣就往外跑，瞧瞧，衣服都湿了，赶紧把湿衣服换了，要是感冒了，又要……"妈妈居然又开始唠叨啦。

"我出门的时候还有太阳呢，就是出去透透气，没想到会下雨！"若兰委屈地说。

"透气？难道你觉得在这个家里透不过气来吗？是妈妈把你逼得太紧了？瞧瞧你期中考试的成绩，开家长会时妈妈的脸都没地方搁，你什么时候能争口气，让我也透透气啊？"妈妈的火气直往外冒。

"成绩，成绩，整天就知道成绩，别的事管过我吗？一早上到现在连口吃的都没有，您就知道自己的面子最重要！"刚才吃了冷饭，现在开始难受了，若兰也是一肚子的气。

女孩的**家庭关系**宝典

"你还有理了，教训起我来啦。"妈妈说着就扑到若兰眼前，"我就不信今天管不了你！"

说完，妈妈就朝若兰挥动了拳头。

还好若兰及时躲开了，妈妈在一旁气得直哆嗦。

若兰呢，被妈妈的拳头一吓，号啕大哭起来，然后就冲进自己屋子里去了。

过了好一会儿，若兰哭累了，竟然在床上睡着了，连身上的湿衣服也没换，头发也没擦干。

等醒来的时候，她感觉头疼得厉害，嗓子也很干，接着就咳嗽起来。

妈妈听到动静，当当当地敲起门来。

若兰装作没听见，把头蒙起来不理妈妈。

让爸妈开心看我的

妈妈在外面说:"若兰,把门打开,我给你找了几片药,你先吃了,一定是你刚才下楼淋了雨,感冒了。"

妈妈这么一说,若兰才想起身上半干的衬衣来,这下一定要生病了。

"哼,反正你们也不喜欢我,我活着也是多余的,干脆病死算啦,一了百了!"若兰赌气不开门。

过了一会儿,听门外没动静了,若兰觉得头更疼了,没几分钟,竟然又睡着了。

迷迷糊糊中,若兰好像听到砸门的声音,她很想看看是怎么回事,可就是爬不起来,连睁开眼睛的力气都没有。

等再醒来的时候,若兰发现自己竟然躺在医院的病床上。

爸爸妈妈都坐在床边,看若兰醒了,爸爸说:"可算醒了,刚才都吓死人了,发烧了还把自己锁在屋子里,要不是你妈妈打电话叫我赶回来撬开门,你这会儿已经到鬼门关了。"

原来自己发烧这么严重啊,听爸爸一说,若兰才觉得后怕。

妈妈眼睛里噙着泪,拉着若兰的手说:"是妈妈错了,妈妈不该骂你的。我早上有些头疼,就起得迟了些,看你衬衣湿了也不换,心里着急,才那样说你的,以后妈妈再也不那样说你了。"

若兰一听,原来妈妈没做早饭是因为头疼啊,自己不问青红皂白就冤枉妈妈,太不应该了!

"妈妈,是我不好,我错怪您了!"若兰说道。

急性子
啰嗦
迷迷糊糊

"哈哈，这就对了嘛。"爸爸说道，"你们两个呀，都是急性子，事情也不搞清楚就乱发脾气，这下可好，到医院你们才肯罢休啊！"

若兰红着脸说："爸，您就别提啦！"

爸爸笑一笑，说："你也真是的，一大清早，不多穿件衣服就往外跑，那么着急去干什么呀？"

"我觉得早上空气好，就出去跑步了，谁知道会下雨啊！"若兰解释说。

"原来你是去跑步啊。"妈妈说，"为什么不早告诉我呢？"

"那时候正生气呢，是故意不告诉您的，我以后再也不干这样的傻事了。"若兰说道。

"对对。"爸爸在一旁插话说，"以后你们俩要是吵架，记得先把火气压一压，多问问是怎么回事。"

若兰笑着说："我们俩都是急性子嘛，讲究的就是速度！"

爸爸说："那也不能不管三七二十一就吵架啊，你们以后可千万不能再这样了！"

"我以后就学爸爸，妈妈生气的时候我保持沉默！"若兰看着爸爸说，"您说好吧！"

全家人你看看我，我看看你，笑成了一团。

让爸妈开心看我的

土豆哥哥的话

因为我们经常做错事

土豆哥哥先给大家讲一个故事：

甲庙的和尚们天天吵架，活得很累；乙庙的和尚们一团和气，同甘共苦，大家都很快活。

甲庙的住持很是不解，便前去取经，他问乙庙的小和尚："你们为什么会团结得这么好？"小和尚回答说："因为我们经常做错事！"

这个回答令住持丈二和尚摸不着头脑，他正纳闷呢，小和尚不小心滑了一跤，一个正拖地板的大和尚赶快走过来扶起小和尚，说："对不起，都是我的错，我把地板弄得太湿了，请小心！"小和尚说道："对不起，是我的错，我影响你工作了。"

甲庙的住持紧皱的眉头渐渐松开了，他似乎明白"因为我们经常做错事"的真正意义了。

原来乙庙和谐的秘密就是大家能主动认错！"退一步海阔天空"，

没错，如果斤斤计较，得理不饶人，又怎么会有和谐、快乐呢？

对家庭来说也是一样，作为孩子，我们应该主动退让，不要事事和父母争论，不然只能让事情变得更糟糕。可是，很多孩子会觉得委屈，很多时候，明明是自己有道理啊！

土豆哥哥给大家推荐一个表达自己观点的好办法——学一学上海的"圆桌会议"。

上海市推广过一个名叫"圆桌会议"的亲子活动：

孩子和父母在每天晚饭前，各自梳理一天的学习、工作等情况，然后在餐桌上有条理地畅所欲言。每天的"圆桌会议"首先由父母谈一天中最重要的事情，提出一些问题，同时请家庭成员说说有什么好的意见或建议，逐步引导孩子参与大人的谈话，然后请孩子谈谈一天中有趣的事、新闻或不快乐的事，当孩子有问题需要解决时，父母给予确切的答复和忠告。

"圆桌会议"成功的关键在于，每个家庭成员的观点都应该得到尊重。对少女们来说，尤其应该注意不能因为自己在某一个问题上讲得有道理，就目空一切，听不进父母的意见。

"圆桌会议"会对女生的一生都有帮助。女生学习了良好的沟通方法，能够处理好家庭内部的矛盾，将来在社会中也能建立起良好的人际关系，表现出高超的社会适应能力。

让爸妈开心看我的

刷刷姐姐的话

和妈妈争吵后应该怎么办

少女时代的女生，大都有逆反心理，和家人吵架是常有的事。

一棵小树在成长的过程中，肯定有枝杈需要修剪，而父母就是修剪枝杈的园丁。如果你一味地拒绝"修剪"，那么你能保证所做的、所想的都是正确的吗？

女生会认为自己懂事了，有了自己的想法和主见，当爸爸妈妈的意见和你的相违背时，你就会产生抵触心理，甚至与父母大吵一架。假如你和妈妈吵架了，你应该怎么办呢？

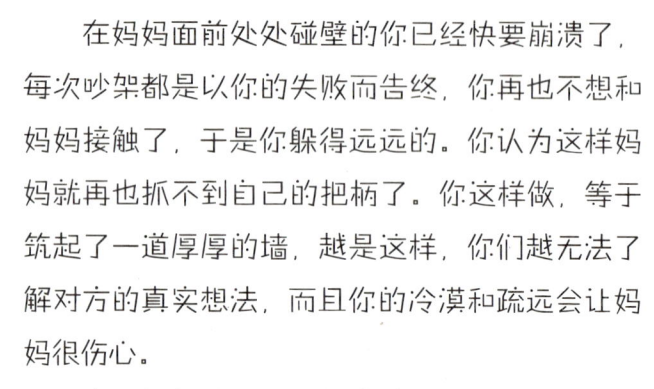

在妈妈面前处处碰壁的你已经快要崩溃了，每次吵架都是以你的失败而告终，你再也不想和妈妈接触了，于是你躲得远远的。你认为这样妈妈就再也抓不到自己的把柄了。你这样做，等于筑起了一道厚厚的墙，越是这样，你们越无法了解对方的真实想法，而且你的冷漠和疏远会让妈妈很伤心。

沟通是解决问题的好办法。和妈妈激烈争吵后，很多女生都会后悔，觉得自己不应该这样顶撞妈妈。冷静下来后，女生就要寻找解决的方法了。

女孩的**家庭关系**宝典

如找时间和妈妈谈心，或者给妈妈写一封长长的"自白书"，让妈妈了解你的真实想法，这样能让你们很快地了解彼此，解开心结。

回想一下和妈妈争吵的过程，是不是总有某个细节引发你们之间的争吵呢？是你的言语偏激，还是妈妈的态度蛮横？其实争吵是完全可以避免的，找出症结，下次注意。

最后，刷刷姐姐要告诉女生的是，你们已经不是小孩子了，要懂得体谅家人，只有先尊重父母的想法，自己的行为才能受到父母的尊重啊！

女生攻略

避免和父母争吵的小妙招

如何避免与父母发生争吵呢？下面的妙招可以帮助女生。

妙招一：注意自己的话语

不要说一些对父母不尊重、不礼貌的话语，也不要用教训的口气和他们说话，更不要批评他们，伤害他们。家庭的和睦要靠全家人的共同努力。

让爸妈开心看我的

妙招二：不要盯住父母的缺点不放

如果总是盯住父母的缺点，与父母对抗，吵架自然不可避免。不单单是你有自尊心，父母也有，他们和你一样希望得到他人的尊重，特别是自己孩子的尊重。

妙招三：换位思考

换位思考，将心比心，学会宽容和理解，争取赢得父母对你的信赖。

妙招四：心存感激

要时时刻刻心存感激，父母为你付出很多，你唯有积极进取，健康向上，笑对生活，用自己取得的成就回报他们。

妙招五：给父母一个拥抱

现代社会的快节奏使父母忙于工作，疲于家务，他们很辛苦。在父母气急败坏的时候，你可以冲上去，给他们一个拥抱。

第9节 爷爷和外婆的战争

"笑笑,快穿好衣服,我们去看外婆。"周六的早上,笑笑好不容易有点自由的时间,妈妈又开始喊了。

笑笑磨蹭着不肯动身,这时,爷爷从自己的房间走出来,说:"笑笑,昨天说好的要陪爷爷去书店,你要是说话不算数,爷爷以后再也不带你去玩啦!"

"我,我……"笑笑话还没说完,妈妈又在催了。

"刚才外婆打电话,说一定要带上你,好久没见你了,外婆准备了你最爱吃的韭黄馅饺子。"

"爷爷带你去吃肯德基。还是陪我去书店吧,现在的书店好大,爷爷一进去就头晕。"

笑笑的头都快炸了,喊道:"好了,你们别说了,我哪儿都不去,就在家待着!"

爷爷看了妈妈一眼,说:"瞧你,把孩子逼的,一天到晚就知道让她往外婆家跑!"

妈妈不好顶撞爷爷,只好推开门自己走了。

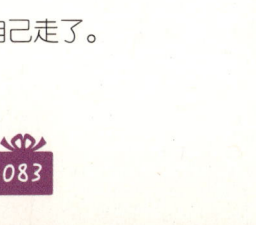

让爸妈开心看我的

其实，这样的情景在笑笑家已经不是第一次出现啦。

爷爷为什么不愿意让笑笑到外婆家去呢？

事情还得从笑笑小时候说起。奶奶去世得早，笑笑出生后，是外婆帮着带大的，所以，笑笑对外婆就更亲一些。

到笑笑上小学的时候，事情出现了变化。爷爷因为心脏不好，就搬过来和笑笑一家住了。听着笑笑嘴边成天挂着外婆，爷爷开始吃醋啦。

为了"讨好"笑笑，爷爷给笑笑买来各种玩具和好吃的，还常常带笑笑去游乐场和动物园。

每次当爷爷买来零食的时候，妈妈都会皱起眉头，她告诉爷爷："这些零食不健康，而且吃多了孩子就不好好吃饭啦。"

可爷爷依然我行我素，他觉得妈妈是故意不让自己亲近笑笑才那样说的，于是就反驳说："别人家的孩子不都吃吗？也没见有什么不好啊！"

妈妈劝不住爷爷，只好悄悄地把爷爷买来的零食藏起来。

有一次，爷爷四处找都找不到零食，想要去问妈妈，正好妈妈在给外婆打电话："都说了好几次，不让他给笑笑买零食，可他就是不听。我都把零食藏起来了。"

爷爷一听，以为是外婆故意叫妈妈把零食藏起来的，所以，开始对外婆怀恨在心。

以后，每次妈妈要带笑笑去外婆家，爷爷都要想办法阻止。

在爷爷眼里，外婆就像一个可恶的巫婆，不让笑笑和自己亲近呢！

妈妈走了没一会儿，笑笑突然收到一条短信。

笑笑一看，是妈妈发来的，妈妈在短信里说："我在楼下等你，你赶快下来，就告诉爷爷去同学家做作业。"

嘿嘿，还是妈妈的主意多呢！笑笑收拾好书包，下楼跟着妈妈去了外婆家。

很久没有见外婆了，她的头发又白了好多。

笑笑坐在外婆的身边，拉着外婆的胳膊，等外婆像往常一样轻轻地抚摸自己

的头发。

可是，外婆却推开了笑笑的手，说："你们来啦！"

"外婆，我好想你啊！"笑笑虽然感觉有点奇怪，但还是对外婆说了自己想说的话。

没想到外婆竟然冷冷地说："笑笑长大了！"然后，就起身回自己的房间去了。

看外婆突然对自己很冷淡，笑笑只好去厨房帮妈妈包饺子了。

"妈妈，外婆她怎么了？"

笑笑的话刚说出口，妈妈的眼圈就红了。她低声对笑笑说："外婆，外婆她得了抑郁症！"

"什么？抑郁症！"笑笑几乎不相信自己的耳朵，"以前外婆不是挺开朗的吗？怎么会得抑郁症呢？"

妈妈说："可能是一个人待久了吧。自从去年外公去世后，外婆就一直一个人待着，不愿见人，几个要好的朋友叫她去广场上跳舞，她也不肯去。我们本来应该多陪陪外婆的，可是，工作总是很忙，抽不出时间，结果，她就成了现在的样子。"

"妈妈，我们得想想办法啊，这样下去可不行的。"笑笑焦急地说。

"我问过大夫了，大夫说只要亲人好好陪着，多开导开导就会好起来的。"妈妈说。

"不如把外婆接到我们家去吧，我们家人多，外婆就不

让爸妈开心看我的

会孤单啦！"笑笑提议说。

"好是好。"妈妈说，"我也想过这么做，也和你爸爸商量过，只是，你爷爷那关，恐怕很难过呢！"

"这个好办，爷爷那边就交给我啦。"笑笑说。

从外婆家回来，笑笑就开始做爷爷的工作啦。

"爷爷，我明天陪你去书店吧！"笑笑说。

"哼，你一整天连个人影都不见，还说陪我去书店！"看来爷爷还在生气呢！

"今天真的不好意思，明天我一定陪你去啊。"笑笑说，"不过，今天我在同学家见到一位奶奶，真的很可怜呢！"

"哦，怎么可怜啦？"爷爷好奇地问。

"那个奶奶得了抑郁症，都不和人说话，整天坐在窗户边发呆呢！"笑笑说。

爷爷叹口气说："人老了就是可怜啊，子女们整天忙工作，根本没时间陪老人。你也一样，就知道和同学玩，也不拿出时间来陪陪我！"

哈哈，听爷爷这么一说，笑笑乐开了花，看来，爷爷钻进了布置好的"陷阱"啦。

"谁说不是呢，那些子女太没良心了，我爸我妈就是那样的人呢！"

"怎么能这么说你的爸爸妈妈呀，我可没怨过他们！"爷爷急忙说。

"没错，他们是陪着你呢，可是，他们不光有你一位老人啊！"笑笑说完就盯着爷爷看。

爷爷一下子就明白过来了，说："你这个鬼丫头，说来说去是埋怨我呢，是不是因为早上我没让你去看外婆，还记恨我呢？"

"才不是呢，我才没你那么小气呢！"

"你敢说爷爷小气，看我怎么收拾你。"爷爷假装生气地说。

"爷爷，我错了。"笑笑赶紧求饶，"不过，跟你说正经的，刚才我说的那位奶奶就是外婆，能不能让她搬到我们家住啊？"

爷爷一听，愣了一下，然后说："这个问你爸爸妈妈就好了，我做不了主。"

翻来覆去
抑郁
相视一笑

说完，爷爷就回自己的房间了，笑笑喊道："这么说你同意啦？"

爷爷的声音从自己的房间里传了出来："我什么时候说不同意了？"

笑笑高兴地跳了起来，赶紧把好消息告诉了妈妈。

因为家里只有三间卧室，外婆搬过来后和笑笑住在了一起。整个晚上，笑笑都能听到外婆在床上翻来覆去的声音，看来外婆失眠啦。

第二天，笑笑把这件事告诉了爷爷："外婆失眠了一夜呢。"

爷爷想了想说："我以前也总失眠，记得后来吃过一种酸枣丸，效果很好呢，一会儿我就去找找看。"

不知道是酸枣丸真的起了作用，还是大家的陪伴让外婆心情好了，很快，外婆就不失眠了。

爷爷像立了大功一样得意扬扬，得空的时候，他还会开导外婆几句："人老了，就别想那么多了，像我一样，下下棋，有个爱好，把身体养好，不给子女们添麻烦，就算帮到他们啦。"

笑笑听到后，和妈妈相视一笑，看来，这场奇怪的战争终于结束啦！

让爸妈开心看我的

土豆哥哥的话

做亲情的"润滑剂"

因为是独生子女，很多孩子都会遇到一个人面对四位老人的问题，爷爷、奶奶、外婆、外公都会加入到对孩子的"争夺战"中。

为了争抢孩子，还发生过令人难过的悲剧呢。有一个家庭，爷爷、奶奶、外公、外婆都非常疼爱孙子。一天，爷爷、奶奶带着孙子在后院玩，正好外公、外婆来看孙子。一开始，老人们聊得挺开心的，可是，为了孙子的事，老人们竟争吵起来，后来发展到打架，爷爷情绪太激动了，竟然捅死了外公。

对孩子的爱竟然引发了悲剧，多令人痛心呀！

为了老人争抢孩子的事，爸爸妈妈也没少生气，有的家庭，还为了这事离婚呢！

作为四位老人和爸爸妈妈关注的焦点，我们该怎么做呢？

也许有很多女生会很享受其中的"快乐"。为了"抢"到自己，爷爷、奶奶、外公、外婆都会用尽浑身解数来讨好自己，给自己买好吃的，带自己玩好玩的，自己的要求他们统统答应。只要对哪边

稍有不满，自己就会站到另一边去；爸爸妈妈不答应自己的要求，自己也能够通过老人向爸爸妈妈施压。

这样的生活真的很幸福吗？

土豆哥哥要告诉女生的是，如果你真的这么想，或者正在这么做，那你会亲手毁掉属于你的爱和亲情。

你不应该把水搅浑，而应该做亲情的"润滑剂"。

首先，要坚决和你的爸爸妈妈站在一起。

不要企图通过老人给爸爸妈妈施压，得到你想要的东西，达到你的目的，这样做，只会加剧老人和爸爸妈妈之间的矛盾。爸爸妈妈的教育观念，通常会与老人们的旧观念有冲突，你要做的是，相信爸爸妈妈的决定，相信他们一定会为你创造一个健康快乐的成长环境。

其次，创造机会让两边的老人亲近。

告诉你的爷爷、奶奶，外公、外婆有多疼爱你；告诉你的外公、外婆，爷爷、奶奶为自己付出过很多。创造一些机会，如家庭聚会，让两边的老人多沟通，多交流，相信他们不但会在对待你的问题上达成一致，而且会增进彼此的感情。

最后，多拿出一点时间来陪老人。

不要对老人的疼爱熟视无睹，你已经是一个大女生了，要多陪老人，让他们感受到你的温暖和爱。

让爸妈开心看我的

刷刷姐姐的话

孤独会割断亲情

社会老龄化越来越显著，我们身边的老年人越来越多。

如果一向很和善、喜欢与人交往的爷爷、奶奶，突然变得不爱说话、不愿出门；很爱干净的外公、外婆突然邋遢起来，常为了一些小事和家人大吵大闹……这些都表明，他们很孤独。

孤独像一把刀，不但伤害着老人们，而且会割断我们和老人之间的亲情呢。

人老了之后很容易抑郁，因为年迈，老人会觉得无助、孤单，容易对自己和生活产生厌倦。这个时候，如果不能及时调节、排解，抑郁的老人很容易和子女发生矛盾呢。

作为爷爷、奶奶、外公、外婆的"小宝贝"，女生该怎么对待家里的老人呢？要知道，和睦、温暖的家庭关系是一种良药，有助于老人度过灰色的抑郁期哦。

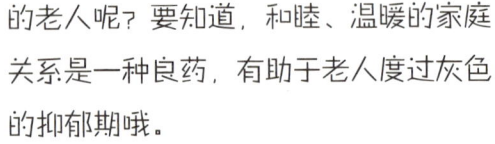

对待老人女生需用到"三心"。

一是耐心。老人说一件事往往喜欢重复多遍，一定不要流露出不耐烦的表情，更不要粗暴地打断或制止老人说话。如

果老人整天沉默寡言、闷不吭声，就尽量抽些时间陪陪老人，用欢乐赶走他们的坏情绪。

二是细心。在生活上要多帮助老人哦。老人夜里经常起床上厕所，很多老人都有在床下准备便盆的习惯，女生千万不要嫌弃和厌恶；老人的视力不太好，房间内光线要亮一些；平时注意不要把水洒在地上，防止老人滑倒；帮手脚不灵便的老人洗澡、洗头、换衣服；多陪老人去公园走走；在放学的路上还可以帮老人买一些报纸和书。

三是虚心。如果遇到有什么事需要老人帮忙，一定要虚心求教，说话时要客气、有礼貌，尽量用商量的语气跟老人说话，不要以为自己是家里的焦点，就可以随便命令老人。

女生攻略

应对老人的小妙招

老人需要特殊对待，下面的妙招女生要认真学习哦。

1. 老人不吃药

先找出老人不吃药的原因：是药苦呢，还是难以下咽？还是长期吃药厌烦了？找到原因后，再慢慢哄老人吃药。记住了，是哄！

让爸妈开心看我的

2. 老人头晕

如果是休息不好或是感冒引起的头晕，可以用风油精或清凉油替老人搽"太阳穴""人中穴"，并用大拇指按压老人手腕内侧的"内关穴"；如果是血糖低引起的头晕，马上冲杯葡萄糖水给老人喝，再让老人慢慢吃一点易消化的食物；如果是房子或天气闷热导致的头晕，要先通风，再给老人搽药油……

3. 老人跌倒

千万不能马上把老人扶起来！要问一下老人有没有摔着，检查没有骨折后再把老人扶起。一般的表皮外伤，用酒精消毒后，抹点跌打万花油就可以了。若发生了骨折就不要搬动老人，尽快打电话求救。

4. 老人哭了

老人会和小孩一样爱发脾气，如果他们哭了，不要感到奇怪，要弄清老人为何事伤心，然后再慢慢开导。

5. 老人不吃饭

是胃口不好呢，还是饭菜不合口味？或者是有什么心事？弄清楚原因后，再哄老人慢慢吃，记住，一定不要强求老人吃。

6. 老人抑郁了

先了解老人的"心结"和"死穴"，然后多花点时间开导老人，陪伴老人。

第 10 节 老爸的女同事

小蝶和睦幸福的家庭，就要被一条神秘的短信断送啦！

那天，小蝶和往常一样回家，一进门就看见爸爸在屋里走来走去。

"爸，你怎么啦？"小蝶好奇地问。

"哎呀，爸爸晚上有一个很重要的应酬，可是下午手机突然开不了机，我以为是没电了，可是，充了半天也没有反应，可能是手机坏了，客户的电话都在手机卡里呢，这可怎么办啊？"爸爸焦急地说。

"嗯。"小蝶一想，"您干脆用我的好了，把您的手机卡装进我的手机里。不过，我的手机只能打电话和发短信哦！"

爸爸一拍脑门说："还是小蝶聪明！没关系，我就打几个电话。"说着，就拿出电话卡换上了。

第二天放学回家，小蝶发现自己的手机放在桌子上，一定是爸爸的手机修好了。

装好自己的卡后，小蝶随手一翻，竟然发现了一条奇怪的短信，内容是："最近怎么样？好久不聊天了，我有时感觉很寂寞，有空回

让爸妈开心看我的

条短信，咱们聊聊吧。"

会是谁发来的短信呢？看看号码，是一串陌生的数字，肯定不是自己的同学和朋友，那会是谁发的呢？好奇怪的短信啊！

小蝶想了半天，忽然想到，自己的手机昨天借给爸爸用了，说不定这条短信是发给爸爸的，虽然爸爸把卡拿回去了，但手机里的短信没有删掉。

这个想法着实让小蝶惊出一身冷汗，要真是发给爸爸的短信，问题可就严重了，会是谁发给爸爸的呢？看样子，他们的关系肯定不一般呢！

小蝶赶紧给爸爸拨了一个电话，想试探一下短信是不是发给爸爸的。

"爸，您在哪呢？手机我看到了，您怎么还不回家啊？"

"哦，我在路上呢，和一个同事聊了一会儿天，回来迟了，马上就到家啊！"爸爸在电话里说。

什么？爸爸真的和人聊天去了呀！

小蝶的心里更紧张啦。

等爸爸回来，小蝶就赶紧问道："您和谁聊天了，这么晚才回来？"

"我们单位的会计，聊了一会儿财务上的事。"爸爸轻描淡写地说。

一听是会计，小蝶的心彻底凉了，上回去爸爸公司的时候她见过那个姓丁的会计，长得可苗条了！这下惨啦，这个家的暴风雨就要来啦。

小蝶一夜都没睡好，思考着要不要把这件事告诉妈妈。

第二天，小蝶选择先告诉自己的闺蜜真真。

真真一听说这事，就非常忧虑地对小蝶说："千万不能告诉你妈妈，要是让你妈妈知道了，肯定会和你爸爸离婚的，到那时你就惨了。"

真真的爸爸妈妈就是为这种事离婚的，所以，真真一听小蝶说起短信的事就非常敏感。

"那我该怎么办啊？"小蝶焦急地说。

"想办法把那个女人赶走！"真真说，"找那个女人谈一谈，告诉她你们的家庭有多幸福，不要让她得逞。"

听了真真的话，小蝶心里矛盾极了，找那个女人谈，自己没有勇气，如果什么都不做，恐怕……

正在小蝶为难的时候，爸爸突然有了新的行动："我们单位下周要组织去三峡旅游呢！"

"什么，去旅游，丁会计也去吗？"一听要去旅游，小蝶马上就想到了丁会计。

"对呀，所有人都去！"爸爸说。

难道爸爸是借着旅游的名义和丁会计出去？不行，一定不能让他们得逞。小蝶装出很想去的样子说："爸爸，带我去吧，三峡是我最想去的地方呢。"

"你不是要上学吗？"爸爸不同意。

"下周不正是'五一'假期嘛，我再请两天假，时间绝对够，两天不会耽误功课的，我保证补上。"小蝶说。

"这……"爸爸想了一会儿说，"好吧，那我和单位的人说说。"

哈哈，第一步总算成功了，小蝶心想，自己这次去了，一来爸爸和丁会计就不可能单独在一起了；二来也好找机会和丁会计谈谈。

让小蝶充满焦虑的三峡之旅开始啦。一看见穿得非常时髦的丁会计，小蝶心里就有一股无名的怒火，只是不好在爸爸单位的人面前发作。

"这是小蝶吧，长得越来越漂亮了！"丁会计竟然来到了小蝶身边。

让爸妈开心看我的

丁会计从包里拿出一瓶矿泉水,递给小蝶,说:"路上多喝点水啊!"

"不用了,我妈妈早给我准备好了,妈妈说外面的水不干净!"小蝶故意把"妈妈"两个字说得重重的,可是,丁会计脸上竟然一点反应都没有。

一路上,小蝶都在监视着丁会计,奇怪的是,丁会计很少和爸爸说话,两个人打照面的时候,也没有发现什么异常。

不行,一定得想办法打探清楚,不然这次就白来了。

一次休息的时候,小蝶主动凑到丁会计身边,说道:"您瞧,我爸虽然是40出头的人了,但身体还这么棒呢!"

丁会计不冷不热地说:"说明你爸爸保养得好啊!"

"您觉得我爸爸怎么样?"小蝶继续问道。

丁会计回过头来,奇怪地看着小蝶说:"怎么,你要给你爸爸介绍对象啊!"说完就哈哈大笑起来。

小蝶完全被笑蒙了,这个丁会计,葫芦里究竟卖的什么药啊?

无奈,小蝶只好使出最后一招,她对丁会计说:"丁阿姨,能把你的电话号码告诉我吗?我爸的手机要是没电了,我们又走散了,也好给你打电话。"

丁会计没有多说,就把号码告诉了小蝶。

女孩的**家庭关系**宝典

断送
监视　怒火

拿到号码后，小蝶赶紧和那个号码进行核对，奇怪的是，两个号码根本对不上！

难道发短信的人根本就不是丁会计？

这天晚上，小蝶和丁会计住到了一个房间，小蝶翻来覆去地睡不着。

突然，丁会计的手机响了一下，接着，就听丁会计说："现在的骗子公司可真讨厌，大晚上还发这种短信！"

小蝶好奇地问："丁阿姨，什么短信，能给我看看吗？"

"垃圾短信，一个骗子公司发的，你瞧，这样的短信。多亏我没结婚，不然还不叫人误会呀！"丁会计一边把手机递过来，一边说。

看完短信，小蝶的心里一下子轻松了，竟然和自己手机上的短信一模一样呢！

小蝶心想，幸亏没告诉妈妈啊，要不然，自己可就亲手断送家庭的幸福啦！

让爸妈开心看我的

土豆哥哥的话

如何面对大人的私生活

有一个14岁的女生，说爸爸在外面有了"第三者"，要上法庭告他。女生的爸爸是一家房地产公司的经理。本来她的爸爸妈妈的关系挺好的，一到周末，一家三口就会开着车到郊区玩，爸爸每个月都给她上千元的零花钱，还总是抽出时间辅导她做功课。但是，后来爸妈开始不停地吵闹，妈妈说爸爸在外面有了"第三者"。现在爸爸很少回家了，妈妈只能暗自落泪。所以女生才要将爸爸告上法庭。

因为爸爸不爱妈妈了，然后把爸爸告上法庭的事已经屡见不鲜了。先不论女生的爸爸是否真的有了"第三者"，女生这样"干涉"父母的私生活，一定不会有好的结果。

生活中，爸爸妈妈也会有自己的隐私，女生们到底怎么做，才能让家保持和谐呢？

往往有一些女生，感到父母感情不和谐的时候，就会偏向妈妈，认为妈妈是弱者。一些妈妈也总是认为自己是最委屈的，向女儿抱怨爸爸的不是，认为女儿必须站在自己这边。妈妈的做法往往会把

女儿推入痛苦的境地，让女儿不知道该怎么办。

作为女儿，应当理性地对待，把自己放在局外人的位置上看待爸爸妈妈之间的问题，也许更有助于找到问题的根源，帮助家庭走向和谐。

首先，信任自己的父母。要知道，父母也应该有自己的隐私，如果女生不考虑父母的隐私，只会让问题变得更复杂。要信任自己的父母，相信他们能处理好自己的问题。

其次，不要总是同情其中的一方。有一位作家说，同情他人其实是对他人的一种伤害。因为这世上有两种人，弱者和强者，同情强者，会伤害他们的自尊；同情弱者，只会让弱者更弱。所以，当妈妈认为自己很委屈，向你抱怨时，你不要附和她的观点，即便她是对的。

最后，多关心父母。比如说爸爸觉得妈妈不够宽容、体贴时，做女儿的就要比平时更加关心爸爸，让他感受到家人的爱；而此时对妈妈，就要想方设法开导她多关心爸爸。最好能精心安排一场家庭会议，让父母进行全面的沟通。

让爸妈开心看我的

刷刷姐姐的话

发现父母的秘密之后

经常有女生告诉刷刷姐姐，说发现了父母的秘密。

有个女生说，一个月前，她看到爸爸和一位阿姨一起逛街。她很想和爸爸谈谈，却不知道怎么开口，心里也有些害怕。妈妈对此事一无所知，还是像以前一样爱爸爸。她不敢告诉妈妈，怕妈妈难过，更怕妈妈和爸爸离婚。

刷刷姐姐告诉女生一条原则：父母的秘密最好不要介入。因为女生缺乏解决这类问题的能力。

女生的莽撞行为，搞不好会让爸爸妈妈的关系迅速恶化。也许爸爸只是在街上偶然碰到了自己的女同事或女同学，事情并不是女生想的那样，把自己的臆见告诉妈妈，只会让父母的关系恶化。

爸爸妈妈都是成年人，要相信他们有能力解决自己的问题。

女生要做的是管好自己，搞好学习，健康成长，把全部心思放在功课上，为自己的人生全力奋斗。

那么，要不要把爸爸或妈妈的秘密告诉对方呢？

首先，要看是什么样的秘密。如果爸爸最近在戒烟，你发现爸爸背着妈妈吸烟。这样的秘密完全可以告诉妈妈，大家共同监督，才能让爸爸尽快戒烟。

其次，你看到的未必就是真相。就像前面提到的一样，女生看到了爸爸和一位阿姨一起逛街，但她并不知道他们的关系和相遇的细节，她所看到的只是表面。

最后，先假装不知道，冷静一段时间再说。大人们有他们的智慧，懂得如何处理自己的私生活，你贸然揭穿父母的秘密，不但会让你和父母的关系变得尴尬，还有可能伤害到父母。为减少尴尬，父母会有意识地减少和你在一起的时间，这样肯定会影响你们的感情。

当你无法预知一件事的后果时，你最好先保持沉默。

如果你觉得保持沉默是背叛了其中一方，那你就花点时间好好关心他。听他的话，做好功课，帮他做点家务，多陪他聊聊天，让他感受到你的温暖。

另外，你可以多创造一些全家人在一起的机会，让大家一起感受和睦的家庭所带来的温暖和快乐。

不要因为发现了父母的秘密便仇恨他们，看不起他们。有些事情，等你长大了就能理解了。所以，面对父母的秘密，你可以选择忽略。

让爸妈开心 看我的

女生攻略

应对父母吵架的办法

如果爸爸妈妈因为一些小事发生了争吵,作为女儿,该怎么办呢?

1. 不要对吵架大惊小怪

生活是琐碎的,有时会让人感觉厌烦,爸爸妈妈整天生活在一起,吵架是不可避免的。其实,在一定程度上吵架是父母沟通的一种方式,所以,千万不要对父母吵架大惊小怪。

2. 给爸爸妈妈一定的空间

父母吵架时,你可以选择视而不见,听而不闻。吵闹自会停止,矛盾自会解决。记住,给爸爸妈妈一些处理自己的事情的空间,矛盾一般会很快得到解决。

3. 插几句调节气氛的话

如果父母吵得不激烈,你可以插上几句话来调节气氛,但要记住,言多必失,过犹不及,一定不要多说。说的时候要保持中立,千万不要有所偏袒,避免激化矛盾。

4. 站在真理的一边

如果父母非要你表明自己的立场,一定要站在真理的一边,不要偏袒某一方。比如在做家务的问题上,父母可能会经常发生争吵,面对这种情况时,你应该明确自己的立场,即每个人都有做家务的义务。

女孩的**家庭关系**宝典

第11节 爱心"小间谍"

妞妞又和妈妈吵架啦！一气之下，妞妞转身向外走去。

走了很长时间，路过一家小面馆，香喷喷的味道弥漫在大街上，妞妞这才感觉到肚子饿了。可是，她摸遍身上的口袋，除了公交卡，连一个硬币也没有。

怎么办呢？一想到受委屈的肚子，妞妞最先想到了奶奶，于是，她坐车去了奶奶家。

一进门，奶奶看见妞妞哭红的眼，就知道是怎么回事了，说道："还没吃饭吧！"

妞妞点点头，奶奶微笑着说："那你等会儿，我去做。"

很快，奶奶端来一碗面条和一碟小菜。妞妞刚吃了几口，眼泪又掉下来，纷纷落在碗里了。

"你怎么了？"奶奶关切地问。

"我没事，这个世上只有奶奶对我最好。"妞妞一边擦着泪水，一边对奶奶说，"每次和妈妈吵架后，都到您这里来吃饭，您对我真好。可是我

让爸妈开心看我的

妈妈——我真怀疑自己是捡回来的……"

奶奶听了，平静地说："妞妞，这就是你的不对啦，你想想看，我才给你做过几顿饭啊，你妈妈为你做了十几年的饭，你不但一点感激都没有，还总跟她吵架！"

奶奶的话一说完，妞妞就愣住了。

奶奶接着说："赶紧吃吧，我这就给你妈妈打电话，这会儿她一定四处找你呢……"

正说着，电话铃声响了起来，是妈妈打来的，奶奶在电话里报了妞妞的平安，才安心地坐下来。

妞妞仔细打量着奶奶，心想，多好的奶奶呀！

妞妞突然问："奶奶，你为什么不和我们一起住啊？下次我再和妈妈吵架的时候，你也能从中调解一下啊！"

奶奶说："人老了，毛病多，怕吵到你们，我还是一个人住吧。"

第二天晚上，妞妞回到家，想起奶奶说的话，很快就原谅妈妈了。

吃完饭，爸爸打开电视看起了《非诚勿扰》，妞妞突发奇想，对爸爸说："爸爸，我们为什么不给奶奶找个老伴呢？她一个人住，多寂寞呀！"

爸爸笑着说："以前你姑姑也提起过，可是，你奶奶坚决不同意。"

妞妞说："我看奶奶一个人住好可怜的，我说让她和我们一起住，她又不肯，我们还是想想办法吧！"

"妞妞怎么一下子变得这么孝顺啦。"妈妈说，"不如你有空多去看看奶奶。"

"嗯，没错，你就当我们派到奶奶身边的'小间谍'，要及时把奶奶的情况汇报给我们哦。"爸爸幽默地说。

你还别说，"小间谍"的效率还真高呢，一周后就带来了很重要的情报。

"奶奶昨天和我聊起了他们老年合唱团的事，说团里来了一位退休的音乐老师，老伴去世好多年了。那个老师手风琴拉得很好，奶奶一个劲地夸呢！"

妈妈听妞妞说完,说道:"看来你奶奶对音乐老师的印象不错呢,让你爸爸打听一下,你继续探奶奶的动静啊!"

妞妞兴奋地朝妈妈敬了个礼,说:"没问题,请妈妈放心!"

周六的下午,妞妞陪着奶奶去买菜,路上正好碰到了那个老师。

见到妞妞和奶奶,那个老师看上去很兴奋,和奶奶说了好一会儿话呢,而妞妞也从奶奶的眼神中,看出奶奶的心情不错。

妞妞以最快的速度,把这个消息告诉了爸爸妈妈。

爸爸高兴地说:"我已经打听过了,那个老师人挺好的,性格也和你奶奶的相似。"

妈妈说:"那要不要先和那个老师谈一谈?"

爸爸摇摇手说:"不要着急,还是让他们自己相处吧。不过,妞妞可以发挥大作用呢,适当的时候要'加把火'啊!"

妞妞点点头,说:"好啊,我最擅长的就是鼓励和宣传了,不然,宣传委员就白当啦。"

机会总算来了,一次,妞妞帮奶奶做油饼,奶奶再次说起了合唱团的事,说得最多的,还是那个退休老师。

让爸妈开心**看我的**

小间谍　美满　幽默

"奶奶，你应该找个老伴，总一个人待着多没意思啊！"妞妞说。

"小丫头片子，懂什么呀！"奶奶一边和面一边说，"我都成老太婆了，谁会看上我啊！"

妞妞一听，果然有戏呢，看来奶奶是有些害羞，就说："我觉得上次我们买菜时遇到的爷爷就不错，人长得精神，又挺和蔼的，一看就是个好人呢。"

奶奶叹口气说："我们不像年轻人，我们的顾虑多，搞不好是要闹笑话的。"

"奶奶，您就别犹豫啦，我们全家都支持您！"妞妞说。

"小孩子家的，别操那么多闲心。"奶奶说，"我们赶紧做完油饼，晚上合唱团有活动，正好给大伙带一些。"

奶奶一定是想做油饼给那个爷爷尝吧，妞妞想，不如请爷爷来家里吃饭吧！

想好了计划，妞妞对奶奶说："最近学琴的时候，我有很多地方搞不懂，能不能请你们合唱团的那位老师给帮忙指导下啊？"

"我们这帮人有的是时间，巴不得有人找呢，一会儿我就给他打电话。"奶奶说。

"不如直接叫他来我们家吃饭吧，我正好当面请教。"妞妞说。

"好吧，我打电话问问他。"奶奶说完，就去打电话了。

看着奶奶的背影，妞妞露出了笑容，哈哈，看来，奶奶的事很快就能有个美满的结局啦！

土豆哥哥的话

别让他们成为"空巢老人"

2013年，新修订的《中华人民共和国老年人权益保障法》正式实施，其中有一条规定引起了大家的注意：与老年人分开居住的家庭成员，要经常看望或者问候老人。

为什么会有这样的规定呢？看望、照顾老人不是很正常的事吗？

事实上，我们正面临一个非常严峻的问题——"空巢老人"问题。什么是"空巢老人"呢？就是子女不在身边的老年人，他们缺少关爱，生活寂寞，家如同空的巢穴一般，令人心酸。

很多"空巢老人"在心理上存在不同程度的焦虑、不安、孤独、失落、抑郁等。与病痛等肉体上的伤害相比，缺乏精神慰藉对许多"空巢老人"来说则是一种更大的伤害。

"夕阳无限好，只是近黄昏。"这是对老人的真实写照，我们是很难体会他们的孤独和悲凉的。老人，那抹孤寂而祥和的阳光，需要我们给予更多的关爱。

当游戏、玩耍时，你会想到孤独的爷爷、奶奶等着你回家看看的那种企盼吗？哪怕只是一个电话、一个问候都会让老人感到一丝

让爸妈开心*看我的*

温暖。

　　土豆哥哥家里也有这样的老人，自从爷爷去世后，奶奶就一个人住。儿女们去看奶奶的时间越来越少，有时想起来就打个电话问问老人的情况，仅此而已。每次提到要去看看她老人家，奶奶总是说你们工作太忙，我挺好的，不用来。大家也认为老人只要身体好，生活就会快乐。可是老人嘴上说不用来看她，心里是多么希望儿女们能常回家看看，回家吃顿饭，哪怕是回来陪她聊聊天呀。

　　由于父母工作忙，很多女生都是老人们一手带大的，从出生到上幼儿园，再到上小学，没离开过爷爷、奶奶或姥姥、姥爷的身边，现在长大了，有多少女生做到常回家看看长辈了？

　　我们都有变老的一天，因此，我们要用心去体会老人们的感受，用心去关爱他们。尽管已近"黄昏"，我们也要让老人的生活"夕阳无限好"。土豆哥哥希望能有更多的人关爱老人，大家一起祝愿天下所有的老人都有一个幸福的晚年吧！

刷刷姐姐的话

和不同类型的老人相处的秘诀

关爱老人，首先要掌握他们的特点哦，针对几种不同心理类型的老人，刷刷姐姐为女生准备了和他们相处的秘诀。

类型一：防御拘谨型

特点和表现：这样的老人心中会感到空虚和寂寞，他们会让自己投入各种繁忙的活动中，把时间安排得满满的，以求暂时忘掉年龄和孤单。

相处之道：不要简单否定他们"积极向上"的态度，同时，尽量分散他们的注意力，给他们提供放松的机会，让他们逐渐摆脱忙碌。

类型二：安详懒散型

特点和表现：安于现状、容易满足，他们喜欢从周围的人那里得到安慰，做事情的原则是不求有功，但求无过。另外，他们对周围的事情不是非常关心，显得冷漠。

相处之道：不能因为他们的冷漠而疏远老人哦，要尽量给他们提供温暖的安慰。

类型三：成熟健康型

特点和表现：这样的老人很豁达，会主动参加一些感兴趣的活动，有自己的交往圈子。

相处之道：及时地表达自己的孝心，老人就会感到

很愉快啦。

类型四：自责忧郁型

特点和表现：这样的老人总有怨气和不满，对一切事物都持悲观态度，对各种活动也没有兴趣。

相处之道：这类老人缺乏信心，最需要鼓励，千万不要怕麻烦，没有耐心，敷衍塞责。他们大多比较敏感，也许不经意的一句话就会让他们很沮丧呢。

类型五：愤怒攻击型

特点和表现：这样的老人性格粗鲁、唯我独尊，他们总喜欢发号施令，喜欢支配别人，要别人无条件地服从自己。

相处之道：不要和老人硬碰硬，可以做一些事来消除老人的怒气，事后再平和地沟通。

类型六：幼稚依赖型

特点和表现：这类老人很喜欢向晚辈"撒娇"，说话、办事充满孩子气，遇到不如意的事情还会赌气。

相处之道：对这样的老人，要帮他们扩大生活圈子，当生活丰富起来后，他们的依赖性就会降低。

女生攻略

关爱老人的小妙招

老人需要特殊的关爱。女生需要学习一些关爱老人的妙招，把更多的爱带给老人。

1. 尊重老人，诚实、不欺骗。
2. 耐心倾听，耐心沟通。
3. 陪老人一起散步等。
4. 从老人感兴趣的话题切入，与老人进行交谈。
5. 站在老人的立场，考虑他们的感受。
6. 有事要离开时，明白地告知老人，并适当说明情况。
7. 不要和老人强辩！

让爸妈开心看我的

第12节 我有两个幸福的家

看着周姨的肚子一天天大起来，小慕的心里不安起来。

两年前，爸爸妈妈离了婚，因为妈妈患有焦虑症，小慕跟了爸爸。随后，妈妈去了国外，一边治疗，一边学习，两三个月才和小慕通一次电话。

幸运的是，后妈对自己还不错，但是，小慕总是张不开嘴叫她妈妈，一直叫周姨。

可是，周姨怀孕后，情况发生了变化，爸爸几乎遗忘了小慕，周姨也把全部的精力放在肚子里的宝贝身上，对小慕自然也就不像以前那样关心啦。

小慕知道，迟早有一天，自己会成为家里多余的人，小宝宝的出生就是对自己最大的威胁。

这天，爸爸一下班就被周姨拉过去："今天他踢我呢，你快来摸摸看！"

爸爸赶紧把手和脸贴到周姨的肚子上。

这一幕像针一样扎进

小慕的心里，她一转头，急忙回了自己的房间。

吃完饭，周姨说想去小区里走走，家里太闷了。

爸爸正在洗碗，就让小慕先陪着去，说自己洗完碗就下去。

小慕百无聊赖地跟在周姨后面，四处张望着，周姨夸张地扭动着腰肢，小慕实在不想多看一眼。

突然，脚边走过来一只小狗，小慕在小狗的屁股上轻轻踢了一下，小狗受了惊吓，汪汪叫着跑了出去，正好撞到周姨的腿上。

周姨被小狗吓了一跳，腿一下软了，瘫坐在地上。这一切，正好被刚刚下楼的爸爸看到了。

爸爸扶起周姨，见没什么大问题，才放下心来，他当着那么多人的面骂小慕："我就知道你没安好心，幸亏你周姨没啥事，要是真出了事，我要你好看！"

小慕的心立刻变得冰凉冰凉的，转身就跑回了家。

小慕想过要离开这里，可是，这个冰冷的世界上，自己还能去哪里呢？

突然，沉浸在悲伤中的小慕被手机铃声惊醒了。

打开一看，竟然是妈妈发来的短信，妈妈说她已经回国了，明天就来看她。

看完短信，小慕的眼泪哗啦啦地流了下来。

再次和妈妈见面，并没有小慕想象的那样感人。妈妈的身边坐着一个光头的中年男人，在小慕和妈妈说话的时候，他一直微笑着看着小慕。

妈妈介绍说，他是在外国的时候认识的男朋友，这次回国就是打算办婚礼的。

虽然这个男人始终保持着优雅的笑容，但在小慕看来，那笑容是那样地虚伪。

小慕本来打算和妈妈住一段时间的，好好向妈妈诉诉苦。可是，现在看来，在妈妈这边，自己也显得有些多余。

接下来的时间，妈妈忙着准备自己的婚礼，根本没时间和小慕在一起，爸爸这边就更不用说了，整天围着周姨转。

期中考试结束后，学校要开家长会，小慕把老师发的通知单递到爸爸手里，

让爸妈开心看我的

爸爸看了一眼,说:"明天我要陪你周姨做产前检查,让你妈妈陪你去吧。"

小慕心想,哼,不去正好,谁稀罕你去呀!

可是,当小慕找到妈妈的时候,妈妈却一脸为难,说:"真是不凑巧啊,我明天约好要去试婚纱,错过了时间就来不及了——你爸也真是的,开完家长会再陪你周姨去做产检也来得及嘛……"

妈妈的话还没说完,小慕就满脸泪水,把通知单往地上一扔,转身跑了。

这孩子,怎么脾气变得这么大!妈妈在心里埋怨着,想着小慕一定是回家了,就没再多想。

晚上,突然刮起风来,妈妈赶紧关上窗户,紧接着就下起大雨来。

就在这时,电话响了起来。

是小慕爸爸的电话,他说下雨了,小慕还没回家,应该在妈妈这边吧!

妈妈一听,一下子慌了神:小慕没有回家,这么大的雨,她会去哪儿呢?

爸爸妈妈问了所有的亲友和小慕的同学,依然没有小慕的消息。

妈妈的未婚夫听说了,开着车来了。妈妈坐上车,沿着小慕离开的方向一路找去。

突然,车灯照过的地方,妈妈发现了一个瘦弱的黑影。

妈妈急忙下车,冲了过去。

在一家商店的橱窗前,妈妈发现了冻得瑟瑟发抖

女孩的**家庭关系**宝典

哗啦啦
埋怨
瑟瑟发抖

的小慕。

妈妈一下子把小慕揽到怀里,一个劲地说着"对不起"。小慕抬起头,看到妈妈身后的那个男人正站在雨里望着她们呢,他光亮的脑门上,不时有大颗的雨滴滑落。

把小慕送到家附近,临下车时,那个光头男人说:"小慕,你放心,你就是我们唯一的孩子!"

小慕点点头,向家门口走去,突然她看见一个挺着大肚子的女人打着伞正东张西望呢。

见小慕过来了,周姨急忙迎了上来,说:"爸爸去找你了,还没回来呢,对不起,最近可能真的忽略你了!"

小慕感觉自己不再孤独了。

几个月后,周姨的宝宝顺利出生啦,是个男孩,爸爸笑得嘴都合不拢呢!

妈妈的婚礼虽然很简单,但是办得十分独特。

而对小慕来说,最高兴的就是拥有了两个幸福的家。

让爸妈开心看我的

土豆哥哥的话

父母离异不是我们的错

很多女生都会因父母离异而有罪恶感，觉得父母离异和自己有关。

亲戚朋友也许会在不知情的状况下让女生有巨大的压力。比如，有一个女生的爸爸妈妈要离婚，一个朋友对她说："如果你跑到爸爸身边，紧紧地抱住他，要他回来，他一定会回来的。"女生当时就觉得肩负着重大的责任呢。事实上，离婚的问题太复杂，绝不是那么容易就能解决的。

父母离婚绝对不是我们的错，我们能做的就是照顾好自己。

首先，接受父母离婚这个事实。

因为寄希望于父母会重归于好，所以很多女生会不顾一切地给父母"帮忙"。她们的想法是："如果妈妈意识到爸爸是那么好的人，她会给他一个机会的。"或者，"如果爸爸理解妈妈的感受，他会回来的。"可悲的是，女生们投入到父母的冲突中却根本于事无补。当她们的努力遭到失败后，她们常常会感到内疚。

我们必须接受这样的事实，并且通过其他方式找到快乐。父母离婚虽然让我们很痛苦，但它不能毁掉我们的生活。

其次，尽一切可能地回避冲突。

看到或听到的争吵越少，自己卷入冲突的可能性就越小。比如，每次过完周末，爸爸送你回到妈妈家，或者妈妈送你去爸爸那儿，他们都会吵架，那你应该想想如何避开。你可以给朋友打电话、大声播放音乐、逗逗宠物，或者干脆骑上车去别的地方。

最后，多关注自己的生活。

把自己从父母的冲突中"解救"出来以后，我们能更好地打理自己的日常生活了。要保证不把自己对父母离婚的感受带给其他人，不要因为父母离婚了就和老师顶嘴、制造麻烦，或是生朋友的气。可能我们还需要一段时间来适应，这个过程有点艰难，但必须做到。

在父母离婚后的日子里，女生要做到下面几点：

1. 继续和父母保持健康愉快的关系；
2. 做一个快乐的女生；
3. 停止埋怨自己；
4. 处理好人际关系；
5. 体谅父母。

让爸妈开心看我的

刷刷姐姐的话

重组家庭的生活之道

离婚后，爸爸或妈妈决定再婚时，女生会感到不知所措。生活中有些事情是你没办法控制的，它们每时每刻都在发生，你能做的就是改变自己。

首先，你要意识到，在重组的家庭里，你可能不是唯一的孩子。

对女生来说，生活在一个重组的家庭里，最困难的是不得不和别人分享自己的父爱或母爱。如果你很怀念过去和父母单独在一起的日子，你应该试着和他们讨论出具体的安排，比如，每隔一周，要求爸爸至少花一个小时和自己做些事情，你们可以去散步、吃冰激凌，或去公园玩。

其次，你必须适应新家庭的一些规定。

面对新爸爸或新妈妈，你得学会调

整自己，努力适应新家庭的一些规定。如果某些规定和你长久以来的习惯有冲突，你得尽快找到解决的方法。

最后，你必须适应眼前的"陌生人"。

很多女生都会在自己与新爸爸或新妈妈之间筑起一堵墙。她们认为，自己关心新爸爸或新妈妈，就是背叛。打破这堵墙是非常困难的，但是，如果不试着打破，就永远不会同时获得来自两个家庭的幸福，那样将是非常痛苦的！

让爸妈开心看我的

女生攻略

如何与新爸爸或新妈妈相处

面对新爸爸或新妈妈，女生首先应该想到，他（她）是自己的妈妈（爸爸）的爱人，既然是妈妈（爸爸）的爱人，自己就应该去爱他（她）。

与他（她）相处，女生应该注意：

第一，尊重。既然你的妈妈（爸爸）选择了这个人，你就需要接纳他（她），并尊重他（她）。尊重是与他（她）相处的前提。

第二，善待。虽然一开始你会很讨厌他（她），处处挑他（她）的毛病，甚至会成天告他（她）的状。要知道，你善待他（她），他（她）就会善待你，所以，为了自己，要学会多关心他（她）。